Mandalas

Celina Fioravanti

Ilustrações de Vagner Vargas

Mandalas

Como Usar a Energia dos Desenhos Sagrados

Editora Pensamento
SÃO PAULO

2ª edição 2017.
2ª reimpressão 2021.

Ilustrações de Vagner Vargas.

Dados Internacionais de Catalogação na Publicação (CIP)
(Câmara Brasileira do Livro, SP, Brasil)

Fioravanti, Celina
Mandalas: como usar a energia dos desenhos sagrados / Celina Fioravanti; ilustração Vagner Vargas. – 2. ed. – São Paulo: Pensamento, 2017.

Bibliografia

ISBN 978-85-315-1970-3

1. Arte e religião 2. Esoterismo 3. Mandala 4. Meditação 5. Vida espiritual I. Vargas, Vagner. II. Título.

17-02421 CDD-291.37

Índices para catálogo sistemático:
1. Mandalas: Simbolismo: Religião comparada 291.37

Direitos reservados para o Brasil
EDITORA PENSAMENTO-CULTRIX LTDA.
Rua Dr. Mário Vicente, 368 — 04270-000 — São Paulo, SP
Fone: (11) 2066-9000
E-mail: atendimento@editorapensamento.com.br
http://www.editorapensamento.com.br
Foi feito o depósito legal.

Sumário

O que são mandalas

Ao olhar uma mandala vemos um desenho circular, que contém em seu interior formas variadas. No centro desse desenho há uma área da qual tudo parece ter sido gerado.

O nome mandala faz pensar em energia, em algo misterioso, o que provoca uma atração universal pelas mandalas. Como no passado, hoje todos querem saber o que é, realmente, uma mandala.

Uma mandala representa uma célula, um disco solar ou lunar, um espaço que lembra um povo primitivo ao redor de uma fogueira, um ovo, uma fruta. É impossível dizer o que inspirou a criação da primeira mandala, mas é certo que encontramos mandalas já nos primórdios da evolução humana, pois há desenhos de mandalas nas cavernas pré-históricas, ainda que bastante simplificados.

Ao analisar uma mandala, encontramos alguns elementos comuns a todas. A forma circular é uma regra. O ponto central é outro elemento sempre presente na mandala legítima. A repetição ou simetria das formas que constituem o desenho é uma constante.

O ponto principal da mandala é o seu centro, ao redor do qual o desenho parece se desenvolver. Esse ponto é um foco visual que atrai o olhar do observador da mandala.

A forma circular, que cria o campo de desenvolvimento do desenho da mandala, que é limitada por uma linha contínua, fecha o espaço e o divide em parte interior e parte exterior.

Os simbolismos de cada uma das partes que constituem o desenho de uma mandala é interessante. Mesmo que o criador de uma mandala não tenha consciência daquilo que faz, ele coloca em sua criação elementos simbólicos ancestrais. Ao desenhar uma mandala, criamos algo sagrado.

Numa mandala, o espaço interior, onde as formas se desenvolvem, é sagrado, aquilo que está fora desse espaço é profano. A linha circular é, portanto, o limite entre o divino e o mundano, entre a consciência e a inconsciência, entre a alma e a matéria, entre a união e a desagregação. A linha circular é uma fronteira.

No interior da mandala há um ponto central, que representa a essência da mandala. Os outros elementos em geral parecem estar em ligação com esse elemento e de certa forma dependem dele, pois se desenvolvem a partir da sua existência. Esse ponto representa uma existência superior, a fonte de toda a criação, Deus.

O desenho da mandala tem quase sempre uma estrutura geométrica, que divide o espaço em porções simétricas. A numerologia e a geometria são analisadas numa mandala de acordo com suas simbologias. A emanação das figuras geométricas e do número de divisões do espaço é uma realidade. Esses dois fatores determinam a chamada "vibração da mandala".

A vibração de uma mandala não está só ligada às suas formas e estrutura numérica. Essa emanação vibracional tem muito a ver com as cores usadas, pois desenho e cor são inseparáveis numa mandala.

O simbolismo das cores e seu poder vibratório cria uma força que define grande parte da atuação vibracional da mandala. Chega a ser quase a metade de sua influência.

Diante do que foi exposto, vimos que a mandala é na verdade um campo de força, no qual as emanações das formas, da estrutura numérica e das cores são poderes vibracionais atuantes.

Sendo assim, uma mandala pode alterar as vibrações daquilo que suas emanações atingem. E isso é uma realidade. Quando fazemos contato visual com uma mandala nossa energia se altera e essa modificação é sempre muito positiva.

O campo de força de uma mandala modifica a nossa energia em vários níveis. Ele estimula a mente, equilibra as emoções e ativa os processos físicos, ajudando a restabelecer sua função plena. A mandala é uma fonte de cura — no sentido amplo, benéfico e quase sagrado que ela tem.

TIPOS DE MANDALAS

Há alguns tipos diferentes de mandalas. A classificação pode ser feita a partir da origem, da finalidade e da formação da mandala.

Mas há uma classificação simples, pouco usada, que separa as mandalas em espontâneas e racionais. Prefiro começar por estas, pois há um movimento crescente que estimula a formação das mandalas espontâneas, que afloram do inconsciente, e essa é uma interessante aplicação da força das mandalas.

As mandalas são espontâneas quando nascem sem uma elaboração mental consciente. Imagine pegar um lápis, colocar um ponto no papel e ao redor dele criar formas livres, que crescem e ocupam o espaço de forma circular. Quantas vezes você já não fez isso? Todos fazem mandalas espontâneas e sua criação é uma importante manifestação do inconsciente. No último capítulo do livro nos dedicaremos à criação de mandalas espontâneas e daremos algumas indicações de como elas podem ser interpretadas.

Já as mandalas racionais são criadas a partir de uma simbologia, com uma finalidade determinada. Elas são elaborações da razão, na maior parte das vezes são montadas sem muita inspiração inconsciente, por isso são chamadas de racionais.

Quanto à origem, as mandalas costumam ser classificadas em orientais e ocidentais.

No Oriente, a criação das mandalas atende quase sempre a motivações religiosas e elas fazem parte de um ritual que visa movimentar as energias das divindades. Essas mandalas são chamadas de "yantras" e muitas vezes são traçadas no chão, com pós coloridos e outros elementos, como flores e incensos.

No Ocidente as mandalas são criadas para uso arquitetônico e decorativo, servem mais para enfeitar, e poucos têm noção de sua importância vibracional, muito embora alguns de seus criadores saibam muito bem o que estão fazendo.

Quanto à finalidade, as mandalas são usadas de maneira sagrada e profana. Seu uso sagrado é na construção de templos, como é o caso das famosas rosáceas cristãs, que adornam catedrais. O uso profano é nas janelas e no desenho dos pisos das casas, além de roupas, propagandas, jóias, logotipos e marcas.

Quanto à formação, as mandalas são classificadas pela base numerológica que contêm, bem como pelas formas geométricas e as cores que apresentam.

É interessante conhecer um pouco sobre cada um dos elementos que compõem uma mandala, para saber qual é a sua influência no desenho e quais as vibrações que emanam da sua existência.

OS NÚMEROS NA MANDALA

A divisão do espaço interior da mandala determina os números atuantes no desenho. Uma mandala com divisões cuja base é o três contém vibrações muito diferentes daquela cujas divisões do espaço se baseiam no cinco.

Uma mandala tem base **um** quando há apenas um elemento principal dentro do espaço circular. Essa mandala é considerada uma semente, algo que estimula os inícios. O número **um** simboliza o princípio, mas também está relacionado com a essência. Mandalas com base na unidade são fortes e estão diretamente ligadas ao conceito de Deus.

Uma mandala tem base **dois** quando o espaço circular está dividido em dois setores. É uma mandala considerada de força complementar, pois sua relação com a formação de pares é evidente. O número **dois** representa a dualidade, as polaridades opostas da energia, que se unem para gerar uma terceira força. Esse número também simboliza a mãe.

A mandala de base **três** apresenta o espaço dividido em formas trinas; é uma força originada de outras duas, o resultado de uma ação. Essa mandala representa realizações no plano da matéria a partir de motivações espirituais; ela simboliza o filho e o ar. O **três** é um número de comunicação, não fica limitado ao que já existe, ele é original, criativo.

Uma mandala cuja base é o **quatro** é a mais material de todas; ela tem vibração masculina ou positiva, está ligada ao poder e à ação objetiva. A força construtiva do número **quatro** é intensa. É um número de solidez, base e comando. Essa vibração numérica simboliza o pai.

Uma mandala tem base **cinco** quando o espaço está dividido em formas que criam cinco setores distintos. A simbologia do **cinco** está relacionada com a leveza, a fluidez, a alegria e a alquimia. As mandalas com essa base numerológica são possuidoras de uma vibração que acentua a necessidade de ser livre. Elas geram mandalas cuja base é o **dez**, o dobro de cinco, e também mandalas cuja base é o **quinze**, o triplo de cinco.

As mandalas de base **seis** já apresentam conceitos mais elaborados, uma vez que esse número de divisões cria vibrações ligadas ao serviço e à família. O número **seis** tem variadas simbologias; ele é formado pela multiplicação do dois e do três, dos quais absorve um pouco os simbolismos. Para os pitagóricos o número seis era o número perfeito. O desenho de uma mandala com base **seis** quase sempre contém também o número **doze**.

As mandalas cuja base é o **sete** são consideradas possuidoras das mais profundas vibrações místicas. O número **sete** é o mais sagrado, e está associado a várias figuras espirituais. Representa o número de dias de uma fase lunar, os dias da semana, os planetas da astrologia. Ele extrai suas vibrações da soma dos conceitos simbólicos dos números três e quatro, que unem a elevação com a materialidade. Quando a base numérica for **catorze**, o dobro de **sete**, a vibração da mandala estará ligada à alquimia e à magia.

Quando o **oito** é base numérica de uma mandala, a sua influência é exercida no plano material com muita força, pois esse número é o dobro de quatro, o número da materialidade. No entanto, o número **oito** traz consigo a idéia de que os resultados são uma colheita justa. Não é uma vibração ativa; ela indica certa passividade e, por isso, as mandalas com base nessa vibração numérica são capazes de harmonizar e equilibrar tanto o interior quanto o exterior. O número **dezesseis**, o dobro de **oito**, gera o número espiritual mais poderoso. Muitas vezes a mandala com base **oito** contém também o **dezesseis**.

Uma mandala tem base **nove** quando sua estrutura está alicerçada sobre uma divisão nônupla do espaço circular. Essa vibração é restritiva, pode impedir a continuação de processos físicos e espirituais que estão em andamento. É uma excelente vibração numérica para cura, mas não favorece a sociabilização; ela traz solidão. Toda mandala com base no número **nove** acalma, ajuda a estudar e a aprender, facilita tudo o que é muito especializado. A vibração do **dezoito**, o dobro de **nove**, gera mandalas com muita força sobre o inconsciente e suas manifestações, podendo ativar sonhos, visões e intuições.

Falamos em mandalas de vibração numérica pura, como é o caso de mandalas com base numérica dois, três, quatro ou outras, até nove, ou mandalas com base numérica associada, como é o caso daquelas que contêm base dez, doze ou dezesseis, números derivados de unidades. Mas há mandalas que contêm duas ou mais bases numéricas. Por exemplo, mandalas com base no três e no cinco ou mandalas com base no oito e no nove. Neste caso, associam-se os conceitos e a emanação da mandala é composta, tem duas atuações distintas.

Uma mandala com duas vibrações é mais fraca que uma mandala com apenas uma emanação vibracional. Por isso, quando queremos obter determinada energia, é sempre melhor trabalhar com uma mandala cuja base numérica é única.

A GEOMETRIA NA MANDALA

São as formas geométricas da mandala que na maior parte das vezes criam as vibrações numéricas. Assim, uma mandala de vibração três terá muito provavelmente um triângulo, e uma mandala com base quatro, um quadrado. Mas isso não é regra infalível. Outras formas, não geométricas, podem definir a base numérica.

Quando a opção é usar uma ou mais formas geométricas, há sempre um simbolismo na forma escolhida que é interessante conhecer.

O círculo

O círculo sempre existe numa mandala, pois é essa forma que cria o seu campo de vibração. Ele separa o espaço sagrado do profano. Uma mandala pode conter, porém, muitos círculos em seu interior. O simbolismo do círculo é indicar a área de ação de Deus, a abrangência de seu poder, que se irradia em todas as direções, sendo ilimitado. Ele é o símbolo do céu.

O triângulo

O triângulo é um elemento muito comum nas mandalas. Sua presença está quase sempre relacionada ao simbolismo do número três e seus derivados. Como símbolo sagrado, um triângulo representa o homem em sua busca espiritual, o ser que elevou-se da matéria e que, embora ainda esteja preso a ela, com todas as limitações que isso acarreta, aspira concretizar sua união com Deus. Imagine um triângulo com o vértice para cima, apontando para o alto, e verá a aspiração mais legítima de um buscador espiritual.

O quadrado

A forma de um quadrado indica a vibração do número quatro numa mandala, ainda que essa não seja a simbologia principal do desenho. O simbolismo do quadrado é a matéria, o mundo das ações e realizações físicas, num plano de existência puramente terrestre. Não há muita simbologia espiritual num quadrado, mas seu poder de realizar alterações no plano material é intenso, por isso, quem quer resolver problemas na sua vida terrena terá boas emanações de uma mandala cuja estrutura esteja alicerçada no quadrado.

O pentágono e o pentagrama

As figuras de cinco lados, como a estrela de cinco pontas e a forma poligonal do pentágono, são vibrações do número 5. As emanações dessas figuras numa mandala são sempre leves e renovadoras. Como pentágono, sua simbologia lembra o quinto elemento, o éter. Como pentagrama ou estrela de cinco pontas, tem uma forte ligação simbólica com a magia e a alquimia, emanando vibrações de liberdade de ação e de pensamento.

O hexágono e a estrela de seis pontas

Estas formas, sagradas para algumas crenças religiosas, são o símbolo da dupla aspiração espiritual humana. Afinal, o número seis é o dobro de três, número que simboliza a busca espiritual. O hexágono indica o campo de atuação da busca, que é mais intensamente realizado no ambiente familiar, com seus apegos e desapegos. A estrela de seis pontas, ou, como é mais conhecida, a estrela de Davi, representa a fé aplicada à vida material e a fé transformada numa ligação real com Deus, a chamada religação.

Os polígonos estrelados

Os polígonos estrelados são muito comuns nas mandalas. Além da sua força vibracional, muito leve e inspiradora, sua simbologia está relacionada com a base numérica na qual estão estruturados. Por isso, sempre interpretamos um polígono estrelado como emanação de um número, que está representado pela quantidade de pontas da estrela. Os polígonos e estrelas com base nos números sete, oito, nove, dez, onze e doze são especialmente ativos, e sua simbologia está estreitamente relacionada com sua base numérica.

AS CORES NA MANDALA

Aliada às vibrações numéricas e geométricas, uma mandala tem as emanações das cores que estão em seu espaço. As cores nas mandalas têm uma função altamente estimulante e terapêutica. É essencial conhecer as energias emanadas pelas cores para saber como elas irão atuar numa mandala. Neste caso, não nos interessa tanto a simbologia, mas sim a vibração de cada cor, pois essa é a realidade que modifica a atuação da mandala no plano físico e também no plano mais sutil de suas emanações.

A cor vermelha

A influência do vermelho é estimulante e ativa; sua emanação está na polaridade masculina das energias, por isso ele atua para gerar atrações físicas. O vermelho afasta a depressão, tira o desânimo e traz poder no plano material. É a cor das conquistas, das paixões e da sexualidade. Quando a cor vermelha está numa mandala, ela precisa ser bem usada, em certos ambientes, pois pode tirar o sono ou deixar a pessoa irritada.

A cor amarela

A influência do amarelo é ativadora e dinâmica, sua emanação age acentuadamente sobre os processos mentais, gerando aceleração e mudanças nos pensamentos. O amarelo traz muitas idéias, afasta as idéias fixas e aumenta a capacidade de raciocínio. É a cor da inteligência, do estudo e da criatividade. Quando a cor amarela aparece numa mandala, deve ser observada a sua colocação, pois ela pode gerar instabilidade ou excessiva produção mental.

A cor azul

A influência do azul é calmante e equilibradora, sua emanação trabalha a polaridade feminina das energias, o que estimula atrações entre energias complementares. O azul traz paz, harmonia e serenidade. É a cor dos acordos, da habilidade diplomática e da atuação em conjunto. Quando a cor azul aparece numa mandala, sempre precisa estar em harmonia com o conceito numérico, pois pode ter sua atuação enfraquecida por formas com as quais ela não combina.

A cor laranja

A influência do laranja é restauradora e regeneradora. O laranja soma a ação do vermelho com a do amarelo, o que produz uma vibração ativa e certamente muito atuante nos planos material e mental. O laranja traz recuperação depois de um processo destrutivo e uma capacidade de refazer o que não está certo. É a cor da reconstrução, da correção e da melhora. Quando o laranja aparece numa mandala, sua energia deve ser usada para mudar situações, pensamentos e ações desgastadas.

A cor verde

A influência do verde é calmante, corretiva e curativa. O verde é composto de azul e amarelo, o que produz uma vibração composta por energias bem diferentes. Por um lado, atua sobre a mente e, por outro, atua sobre o equilíbrio. O verde melhora qualquer estado físico negativo e cura o corpo. Da mesma maneira, cura a alma quando ela está abatida. Quando uma mandala tem a cor verde, suas vibrações são sempre curativas e, seja em que nível for, ela é benéfica para todos.

A cor lilás

A influência do lilás é profundamente espiritual, mística e religiosa. O lilás é formado pelas cores vermelha e azul, que são energeticamente opostas. É a união da matéria física com o amor mais elevado. O lilás atua sobre quem está espiritualmente desequilibrado, descrente e sem conexão com as forças divinas. É uma cor capaz de desinfetar e esterilizar no plano material e no plano mais sutil, evitando que energias indesejadas se instalem. Quando uma mandala tem a cor lilás, ela limpa e isola os ambientes em que está.

Como usar as mandalas

Há muitas maneiras de aproveitar a energia emanada pelas mandalas. Este livro foi feito para que as mandalas sejam usadas, para que suas vibrações entrem em nossa vida. Por isso, é preciso mostrar todos os modos de ter as mandalas atuando e trabalhando a nosso favor.

Vamos indicar como usar cada uma das mandalas do livro, mas temos algumas outras sugestões que vão ampliar as possibilidades de aplicação.

OLHAR MANDALAS

Entenda que uma mandala pede, em primeiro lugar, contato visual com ela. Olhar para as mandalas é a primeira maneira de receber suas emanações positivas. Ao olhar uma mandala, sua estrutura começa a agir em nosso interior e gera as modificações energéticas para as quais ela está programada.

Assim, podemos dizer que a mandala escolhida para olhar não age em todas as direções. Já vimos que a atuação da mandala depende de sua base numérica, das formas e das cores que ela contém. É essa formação que contém a chamada programação da mandala. Mais adiante, você irá encontrar descrita a programação das mandalas contidas no livro, para saber como elas agem.

Olhar uma mandala pode ser algo ocasional, isto é, passamos por uma mandala ou deixamos uma mandala por perto, às vezes nosso olhar passa por ela, e então recebemos suas vibrações com mais intensidade. Mas olhar uma mandala pode ser um exercício de ativação de energias feito de modo consciente, e isso pede alguns cuidados.

O primeiro cuidado é escolher a mandala certa para olhar. Faça isso conhecendo o desenho e suas qualidades potenciais, verificando se é isso que você quer receber.

Prepare um lugar calmo e isolado para ativar o seu contato visual com a mandala. Pode haver música, incenso, velas, o que você quiser colocar nesse lugar, mas o essencial é poder estar ali em paz e sem ser interrompido. Um lugar ao ar livre, em meio à natureza, pode ser uma opção muito interessante.

Dê tempo a si mesmo para absorver a energia da mandala. Coloque o desenho na sua frente e feche os olhos. Faça respirações profundas, com os olhos fechados, antes de fixar o olhar na mandala escolhida. Assim, você cortará sua ligação com o mundo exterior e terá mais facilidade de preparar o seu interior.

Depois, quando estiver mais concentrado, abra os olhos e olhe diretamente para a mandala.

Enquanto estiver olhando para a mandala, tente não deixar que pensamentos invasivos ocupem sua mente. Tente ficar atento apenas à observação do desenho, das cores. Procure deixar sua mente livre de preocupações.

Cada vez que um pensamento vier, corte a sua influência, feche os olhos, respire profundamente e volte a olhar para a mandala. Se for algo importante, por exemplo, um compromisso que você tem medo de esquecer, anote, para poder sair da influência desse pensamento.

Deixe o seu olhar dirigir-se ao centro da mandala e depois vagar pelas formas que ela apresenta. Observe como a mandala faz você se sentir.

Permaneça olhando quanto tempo quiser. Se ficar cinco minutos, irá se sentir bem e em harmonia. Se ficar quinze minutos, irá restaurar sua energia interior e exterior. Se ficar meia hora, bem concentrado na observação do desenho, provavelmente acabará meditando com a ajuda da mandala.

Uma sessão de olhar mandalas pode incluir mais de um desenho, mas será melhor limitar-se a apenas uma mandala se quiser receber vibrações com um objetivo determinado.

COLORIR MANDALAS

As mandalas que foram criadas para o livro são especiais. Elas têm apenas traços e foram feitas assim para que possam ser coloridas. Ainda que não se faça o desenho, é possível ser co-autor de uma mandala ao colori-la.

Para colorir uma mandala com o objetivo de receber determinada vibração, é interessante conhecer um pouco sobre a influência das cores. Mas você também pode colorir uma mandala de modo espontâneo, deixando que as cores usadas sejam resultado da sua inspiração momentânea.

É muito agradável trabalhar numa mandala feita apenas de traços e que aos poucos se torna um desenho colorido, cheio de força.

A prática de colorir mandalas é terapêutica e pode transformar estados emocionais ou físicos negativos. O mais interessante é que a influência curativa da mandala atua sem que se perceba; ela é resultado do campo de força criado pela mandala.

O material usado para essa atividade pode ser o mais simples possível. Você pode usar lápis de cor, giz de cera, canetinhas coloridas e até mesmo pincel e tinta. Escolha um material que lhe agrade ou use aquilo que já tem.

Faça como quando vai olhar mandalas. Separe o material, escolha o lugar e prepare o ambiente. Isole-se e trabalhe na mandala com concentração. Procure não ter nenhuma tensão enquanto trabalha no desenho, faça isso com prazer.

Não é preciso terminar de colorir a mandala de uma vez. Estabeleça o tempo que pode gastar e trabalhe na mandala que vai colorir até terminar esse tempo. Deixe a atividade e retome noutra ocasião.

Ao colorir uma mandala, recebemos as suas vibrações mais intensamente. O campo de força das emanações é tocado e se modifica pela vontade individual.

Experimente fazer três versões coloridas diferentes de uma mesma mandala e irá sentir que nenhuma se parece com a outra em efeito visual e energético.

Depois que terminar de colorir a mandala, não a deixe guardada numa gaveta. Coloque-a bem à vista, para aproveitar sua emanação vibracional. Uma mandala fechada num lugar onde não pode ser vista é um potencial energético sem aplicação.

AS MANDALAS DINÂMICAS

Há vários desenhos do livro que foram trabalhados para criar mandalas em movimento no endereço eletrônico: http://arquivos.grupopensamento.com.br/doc/mandalas.zip. Para acessá-los clique no link mandalas. Essas mandalas são uma energia tão ativa quanto as outras, mas elas têm uma dinâmica de atuação mais acentuada. Por isso, não deixe de aproveitar a energia emanada por elas.

É evidente que essa maneira de aproveitar a energia das mandalas é nova, mas ela representa uma evolução, e sempre é preciso evoluir. Entre em contato com as mandalas dinâmicas de acordo com a finalidade para a qual cada uma delas foi criada.

Você vai observar que com as mandalas dinâmicas as vibrações agem mais prontamente e o trabalho interior é acelerado. No entanto, não deixe, em outras ocasiões, de olhar e colorir mandalas, pois essas duas atividades não são substituíveis pelas atividades com as mandalas no link.

MANDALAS EM TRÊS DIMENSÕES

Outra maneira de receber a energia das mandalas é criar mandalas que saem do limite bidimensional de uma folha de papel ou da tela do computador.

Você pode criar mandalas tridimensionais entalhando ou modelando uma mandala. Para quem tem habilidade manual e sabe trabalhar com madeira ou argila, essa é uma boa opção criativa.

Há mandalas feitas de arame e contas, que podem ser encontradas em lojas de artesanato. Elas são muito interessantes porque têm movimento e são bastante versáteis, mudando o seu formato.

Não há limite para a aplicação das mandalas nas artes decorativas. Elas ficam maravilhosas em vitrais, colocadas em janelas e portas. São desenhos lindos, que podem decorar cerâmicas. Pedras recortadas e encaixadas no piso podem montar o desenho de mandalas. Um jardim pode ser desenhado no formato circular de uma mandala.

MANDALAS EM RITUAIS

A aplicação das mandalas em rituais faz parte da tradição oriental até hoje, pois no Oriente uma mandala sempre contém em seu interior sinais e símbolos que remetem a determinadas divindades. Há até mesmo mandalas que contêm um verdadeiro panteão de divindades em seu interior.

Essas mandalas são desenhadas num espaço sagrado e fazem parte de um ritual para as divindades às quais estão relacionadas. Elas podem ser permanentes ou temporárias, pois, quando se faz uma mandala específica para um ritual, muitas vezes ela é desfeita após o encerramento da cerimônia.

As mandalas em rituais não são muito usadas no Ocidente, embora possamos ver que existe uma ligação com a forma circular nas construções religiosas ocidentais. Exemplos disso são os vitrais com rosáceas e os labirintos que existem em catedrais e igrejas seculares. Se pesquisarmos mais remotamente, encontraremos como um bom exemplo os círculos de pedra de Stonehenge.

No entanto, ainda que não tenha para nós o mesmo significado que têm dentro de um contexto religioso, sempre é possível aproveitar a energia das mandalas para fazer alguns rituais simples.

Você pode experimentar fazendo o desenho de uma mandala numa calçada, com giz, e depois ficar de pé no lugar do ponto central desse desenho. Ali, faça uma oração e depois sente-se, para receber a energia colocada em movimento pelo seu pequeno ritual de contato com a mandala.

Experimente fazer um círculo de pedras, de velas ou de flores. Sente-se no interior desse círculo e torne-se o ponto central de uma mandala. Respire, absorva a energia e faça uma oração. Será uma experiência muito vibrante, pode ter certeza.

FUNÇÃO TERAPÊUTICA DAS MANDALAS

Praticamente todas as correntes terapêuticas podem incorporar o trabalho vibracional com mandalas. Desde a medicina mais tradicional até as terapias mais inovadoras, todas as linhas de cura física e mental recebem das mandalas um acréscimo substancial. Elas têm uma energia positiva com propriedades curativas que surpreende a todos os curadores.

Minha primeira experiência com as mandalas foi pessoal. Num estado depressivo intenso, após a morte de meu pai, encontrei na atividade diária de colorir mandalas um excelente recurso terapêutico. Essa era a primeira coisa que fazia de manhã bem cedo: trabalhava colorindo mandalas durante meia hora e depois conseguia seguir minha rotina diária com um pouco mais de ânimo.

A segunda experiência veio no trabalho que eu desenvolvia numa casa de apoio espiritual. Quando encontrava alguém com as energias desordenadas, dava um desenho de mandala, pedia que fizesse várias cópias e colorisse diariamente, por meia hora. Os resultados foram fantásticos.

A maior parte das pessoas a quem eu sugeria colorir mandalas, gostava dessa atividade, aceitava bem, ao contrário de outras sugestões que eu tinha. Se eu pedia para fazerem orações, seu estado vibracional não lhes permitia ter vontade de orar ou ter disciplina para isso. Se eu sugeria meditação, yoga ou respiração, era o mesmo problema. Mas colorir mandalas era algo que faziam com prazer e que mantinham como rotina terapêutica por tempo suficiente para se curarem.

Nessa fase, as mandalas provaram ser muito eficientes no tratamento de depressão, síndrome do pânico, falta de ligação com Deus, vícios e outras aflições da alma.

O passo seguinte foi tentar entender como as mandalas poderiam ajudar na cura física, uma vez que eu já tinha certeza de que elas eram positivas para problemas espirituais e psicológicos.

Atuei durante um semestre numa clínica de terapias alternativas ligada a uma clínica de oncologia. Como as mandalas são a representação de uma célula e o câncer é uma disfunção celular, deveria haver uma ligação energética entre as vibrações emanadas por uma mandala e uma estrutura celular danificada.

Aliei ao tratamento com mandalas orações e respiração, terminando por estruturar uma terapia voltada para a alma, que pudesse influir energeticamente no corpo e na mente com uma ativação positiva. Chamei essa terapia de RELIGAÇÃO.

Assim sendo, ficou atestado para mim que todos os terapeutas podem usar a energia das mandalas com algum benefício. Elas não são uma panacéia universal, mas sempre ajudam a quem tem problemas, emanando de suas formas e cores uma vibração positiva, que por vezes é aceleradora, por vezes é ordenadora, por vezes é calmante.

Ao leitor que se interessa por essa função curativa das mandalas, recomendo atenção ao capítulo do livro que fala das cores nas mandalas, bem como aplicação das mandalas do endereço eletrônico: http://arquivos.grupopensamento.com.br/doc/mandalas.zip que são voltadas para a cromoterapia.

As mandalas e os números

Neste capítulo você encontra doze mandalas. Cada uma delas foi criada sobre uma estrutura numérica, para que você possa escolher e trabalhar com a mandala certa, de acordo com a energia que deseja receber e movimentar.

Uma mandala, você já sabe, é um campo de força atuante, vivo, dinâmico. Mesmo que sua ação seja restritiva, ela está sempre realizando um trabalho real, capaz de modificar com suas vibrações a energia dos seres e dos lugares onde ela está.

Cada mandala deste capítulo tem uma programação baseada na estrutura numérica da mandala. Você deve entender que a atuação de uma mandala é limitada por essa programação, para poder selecionar adequadamente.

Leia atentamente todas as programações antes de fazer sua escolha. Só assim terá certeza de que escolheu a vibração de que necessita.

Use essas mandalas para olhar e colorir. Não deixe de se exercitar com elas. O mais certo é estabelecer a ligação com a energia da mandala escolhida por vários dias, entrando em contato com ela de quinze a trinta minutos diários. Duas a quatro semanas é tempo suficiente para ativar a ação de uma mandala.

Quando se escolhe uma mandala por sua base numérica, é preciso saber que ela irá realmente atuar sobre a sua estrutura pessoal. Ainda que isso não lhe seja perceptível por algum tempo, a mandala movimenta e emana vibrações que modificam favoravelmente as suas energias individuais.

Uma mandala não faz mal quando não é escolhida acertadamente, mas também não produz aquilo que se espera. É por isso que se deve entender bem qual é a programação de cada mandala, do contrário ela nos fará um bem não previsto ou necessário.

Nas páginas seguintes, temos a descrição da programação das mandalas segundo a sua vibração numérica. Para mostrar que essa programação não foi criada aleatoriamente, também providenciamos um pequeno texto informativo sobre a teoria numerológica.

No final de cada explicação, há um pequeno resumo, que contém a síntese da programação de cada mandala. Esse resumo servirá para quando você quiser fazer consultas rápidas.

MANDALA COM BASE NUMÉRICA 1

A mandala cuja base numérica é 1 está simbolicamente ligada a Deus e às suas emanações mais puras. Ao olhar para uma mandala que está estruturada sobre o número 1, o foco visual é dirigido para o centro, área responsável por nossa ligação simbólica com o divino.

A ênfase vibracional da mandala, neste caso, está concentrada no ponto central, o elemento uno. Observe como o desenho da mandala do livro tem estrutura unitária, pois as formas se desenvolvem ao redor de um grande ponto central branco.

A influência desta base numérica é formadora; ela dá início e gera os primeiros movimentos em tudo o que existe, por isso se diz que dá o impulso necessário para que a existência seja uma realidade.

O número 1 também está ligado ao conceito de escolha, uma vez que, para dar início a algo, é necessário fazer algumas opções, usando o livre-arbítrio. Muitas vezes a escolha representada pelo número 1 acontece por interferência divina, pois é feita diretamente por Deus.

Observe de novo a mandala com base 1 que está no livro. Ela foi criada para ativar a sua ligação com a energia divina, tanto no plano material como no espiritual. O desenho facilita a ligação com aquilo que emana constantemente de Deus.

Olhe para o ponto central dessa mandala. Ele é grande, tem um destaque no desenho. Agora observe como há outras influências numéricas adicionais. O ponto central é formado por elementos gráficos com estruturas numéricas 4, 8 e 16.

Assim criada, essa mandala traz do plano divino, representado pelo ponto central, emanações que atuam no plano material (representado pela estrutura numérica 4) e no espiritual (representado pela estrutura numérica 16), de modo a compensar todo o esforço feito pela alma. Isso quer dizer que haverá colheita (representada pela estrutura numérica 8). Comece sua ligação com as mandalas exercitando-se com esta mandala. Olhe para ela e coloque cores em seu desenho.

Resumo da programação de uma mandala com base numérica 1

PALAVRA-CHAVE: seleção.

QUALIDADES QUE ESTIMULA: iniciativa, independência, inteligência.

NO PLANO MATERIAL: dá impulso para a ação, ajuda o que se inicia.

NO PLANO ESPIRITUAL: ativa o livre-arbítrio, traz ajuda espiritual.

NO PLANO EMOCIONAL: dá segurança, gera autoconfiança.

NO PLANO ENERGÉTICO: ativa os processos físicos, tira o desânimo.

MANDALA COM BASE NUMÉRICA 1

MANDALA COM BASE NUMÉRICA 2

A mandala cuja base numérica é 2 está simbolicamente ligada às polaridades da energia. Ela contém um par de opostos que formam uma unidade. Cada elemento seu complementa a energia do seu oposto. Essa mandala nos confronta com a verdade mística que afirma que Deus é homem e mulher.

Quando olhamos para uma mandala que está estruturada sobre o número 2, nosso foco visual é o centro, mas já em seguida percebemos a dualidade como uma realidade.

A ênfase vibracional da mandala, neste caso, está concentrada em dois pólos distintos. Um nos traz a energia solar, o outro é portador da energia lunar.

A influência desta base numérica é expansiva e acolhedora, ela amplia as possibilidades de relacionamentos afetuosos, facilita a manifestação do interesse pelas pessoas mais desamparadas, incita ao cuidado com o próximo.

O número 2 também se relaciona com o conceito de maternidade e gestação, o que torna a mandala uma inspiração para trabalhar a ligação com a mãe.

Observe a mandala com base no número 2 que está no livro. Ela foi criada para ativar a sua ligação com a energia do crescimento, por isso tem raios múltiplos, que levam para fora. Há nesse desenho, além da vibração numérica da base 2, os números 12 e 24. O número 12 traz a idéia de ciclo completo, e o 24, número que se reduz a 6, é um número que atrai para a casa, a família e a mãe, outro simbolismo forte do número 2.

Assim criada, essa mandala traz do plano divino, representado pelo ponto central bipartido, emanações femininas que atuam na parte mais sensível da personalidade. É uma energia que irá modificar a relação do indivíduo com os outros, não para isolá-lo, mas para integrá-lo com as pessoas que têm uma energia complementar, da qual ele precisa.

Resumo da programação de uma mandala com base numérica 2

PALAVRA-CHAVE: ampliação.

QUALIDADES QUE ESTIMULA: acolhimento, receptividade, carinho.

NO PLANO MATERIAL: amplia possibilidades materiais, traz fartura.

NO PLANO ESPIRITUAL: traz sabedoria, desenvolve a aceitação.

NO PLANO EMOCIONAL: favorece a ligação com mãe e o cuidado com o próximo.

NO PLANO ENERGÉTICO: torna sensível, melhora a intuição.

MANDALA COM BASE NUMÉRICA 2

MANDALA COM BASE NUMÉRICA 3

A mandala cuja base numérica é 3 está simbolicamente ligada ao exterior, àquilo que não faz parte da nossa natureza essencial. É um desenho que foi criado para mostrar também as partes trinas que compõem um todo.

Quando olhamos para uma mandala que está estruturada sobre o número 3, nosso foco visual é levado a perceber que a unidade essencial se divide em três células e que cada uma delas tem sua própria vibração.

A ênfase vibracional da mandala, neste caso, está concentrada no mesmo conceito espiritual do Pai, do Filho e do Espírito Santo, cuja existência trina permeia tudo o que há.

A influência desta base numérica é comunicativa. Ela força a olhar para fora. Se antes, na vibração unitária, olhávamos para dentro de nós, e na vibração dupla, para o nosso abrigo, agora é necessário encarar o outro e criar uma maneira de se comunicar com ele, de forma a expandir os limites.

O número 3 também está ligado ao conceito de riqueza, ascensão social, aparências, melhorias.

Observe a mandala com base no número 3 que está no livro. Ela foi desenhada para ativar a sua ligação com a energia trina da expansão. Veja como cada setor do desenho parece emitir ondas vibratórias, observe as espirais trançadas que partem do centro. Apesar de todas as formas criarem estruturas trinas, não há triângulos no desenho. As vibrações existentes ampliam aquilo que já existe como potencial em qualquer área.

Assim criada, essa mandala traz do plano da criação, espaço no qual foi gerada e do qual recebe a energia divina, emanações que estimulam com muita força as questões materiais. Essa mandala representa elevação em todos os sentidos, mas atua com mais poder sobre a busca espiritual, o crescimento material e a falta de interesse em relação ao presente.

Resumo da programação de uma mandala com base numérica 3

PALAVRA-CHAVE: expansão.

QUALIDADES QUE ESTIMULA: comunicabilidade, atenção, determinação.

NO PLANO MATERIAL: aumento das posses, ganhos.

NO PLANO ESPIRITUAL: influência sobre a matéria, generosidade.

NO PLANO EMOCIONAL: conquistas, desejos fortes, dominação.

NO PLANO ENERGÉTICO: ajuda a tratar a depressão, abre o coração.

MANDALA COM BASE NUMÉRICA 3

MANDALA COM BASE NUMÉRICA 4

A mandala cuja base numérica é 4 está simbolicamente ligada à polaridade positiva, aos elementos masculinos e solares. Essas características fazem que a mandala em questão seja representativa da figura paterna. Sua atuação está mais ligada ao fazer e concretizar do que ao planejar e imaginar.

Quando olhamos para uma mandala que está estruturada sobre o número 4, nosso foco visual é colocado diante de estruturas mais rígidas e pouco mutáveis.

A ênfase vibracional da mandala, neste caso, está concentrada no trabalho construtivo que é realizado no plano material, pois geralmente uma mandala de estrutura quaternária emana vibrações especiais no plano da realização concreta.

A influência desta base numérica é voltada para os pormenores, para o trabalho e para a perseverança. São essas as qualidades que se pode esperar receber da mandala com base 4.

O número 4 também está ligado ao conceito de organização, escolhas equilibradas, determinação de vencer e criação de uma base sólida para o futuro.

Observe a mandala com base no número 4 que está no livro. Ela foi criada de modo a ativar a sua ligação com a energia ativa, masculina e realizadora. Do ponto central saem quatro pontas e entre esses raios estão intercalados quadrados. Por trás do desenho central, há um ornamento como pontas de um lótus, que suaviza a composição. Tudo isso está envolvido por um grande quadrado.

Assim criada, essa mandala traz emanações que atuam na base mais material da vida, gerando no interior do ser que faz contato com o desenho as qualidades necessárias para uma estrutura material sólida e organizada. Trabalhe com essa mandala quando desejar melhorar tudo aquilo que lhe dá segurança na vida: trabalho, imóveis, construção, emprego.

Resumo da programação de uma mandala com base numérica 4

PALAVRA-CHAVE: criação.

QUALIDADES QUE ESTIMULA: atividade, realização, organização.

NO PLANO MATERIAL: construção, estabilização financeira.

NO PLANO ESPIRITUAL: capacidade de receber amparo.

NO PLANO EMOCIONAL: segurança afetiva, conquistas.

NO PLANO ENERGÉTICO: aumento da energia física.

MANDALA COM BASE NUMÉRICA 4

MANDALA COM BASE NUMÉRICA 5

A mandala cuja base numérica é 5 está simbolicamente ligada a conceitos leves e libertadores. Sua polaridade de energia é neutra, assim, a mandala com essa estrutura numérica tem influência mais sobre aquilo que está por perto e que atua em nossa energia, do que propriamente sobre nossas realidades diretas.

Quando olhamos para uma mandala que está estruturada sobre o número 5, nosso foco visual é concentrado nas formas quíntuplas que são componentes do campo visual e que quase sempre são pentágonos e polígonos estrelados de cinco pontas. A estrela de cinco pontas é um dos símbolos da magia da mãe terrestre, a deusa da natureza.

A ênfase vibracional da mandala, neste caso, está concentrada mais nos assuntos prazerosos do que nos tensos. Quando estamos em momentos cheios de pressões, cobranças e impedimentos, a mandala do 5 é uma energia que ajuda a deixar esses incômodos para trás.

A influência desta base numérica é atrativa e magnética. Ela se encarrega de atrair o que é leve e fácil, o que liberta e o que permite sair das limitações.

O número 5 também está ligado ao conceito de desapego, uma vez que muitas das coisas que geram impedimentos e tiram a liberdade, na verdade são coisas que nós não conseguimos soltar.

Observe a mandala com base no número 5 que está no livro. Ela foi criada de maneira a ativar a sua ligação com a energia do pentagrama, uma forma sagrada, de estrutura quíntupla. O pentagrama, também conhecido como pentágono estrelado, era o símbolo dos pitagóricos. Os pitagóricos foram os maiores estudiosos da numerologia que já existiram, eles tinham como mestre Pitágoras, o grande matemático e filósofo.

Assim criada, essa mandala traz do plano da formação, no qual tudo que existe adquire uma forma vibratória, emanações que atuam para dar alegrias e recompensas. Ela estimula a naturalidade, os contatos com a natureza, a vida social e aquilo que nos descontrai.

Resumo da programação de uma mandala com base numérica 5

PALAVRA-CHAVE: liberação.

QUALIDADES QUE ESTIMULA: liberdade, confiança, naturalidade.

NO PLANO MATERIAL: viagens, vida social, mudanças rápidas.

NO PLANO ESPIRITUAL: ensina o desapego, traz bons fluidos.

NO PLANO EMOCIONAL: descontração, elimina a irritabilidade.

NO PLANO ENERGÉTICO: ativação de boas energias por meio de rituais.

MANDALA COM BASE NUMÉRICA 5

MANDALA COM BASE NUMÉRICA 6

A mandala cuja base numérica é 6 está simbolicamente ligada ao amor, à família e à beleza. Ela é sempre uma luz clara e conciliadora, que irá derramar sobre todos uma delicada bênção.

Quando olhamos para uma mandala que está estruturada sobre o número 6, nosso foco visual é levado para o que está ao redor do ponto central, mais por uma necessidade de sentir sua harmonia do que por uma motivação consciente.

A ênfase vibracional da mandala, neste caso, está concentrada no que traz o equilíbrio e a tranqüilidade.

A influência desta base numérica é dual, uma vez que o número seis contém em si dois triângulos. Ela traz os pares de opostos e suas confrontações energéticas.

Pode ser dito que há nela duas polaridades; a cada momento uma delas é mais ativa. Por essa razão, a mandala com base 6 costuma adaptar suas emanações àquilo que é necessário. Quando uma energia positiva é solicitada, ela pode suprir a necessidade e vice-versa.

O número 6 também está ligado ao conceito de associação, por isso essa vibração estimula as uniões, sejam elas com finalidade afetiva ou comercial.

Observe a mandala com base no número 6 que está no livro. Ela foi criada de modo a ativar a sua ligação com a energia da forma da estrela de Davi, um desenho da estrela de seis pontas, sagrado para os hebreus. Se bem observada, essa estrela mostra que é formada por dois triângulos sobrepostos. Além dessa forma, vemos o hexágono e uma flor de seis pétalas. Todos giram ao redor do ponto central, de onde emanam suas qualidades particulares.

Assim criada, essa mandala traz do plano divino emanações que atuam no plano formativo e ativo. É grande a sua capacidade para afastar energias indesejadas do ambiente no qual está exposta.

Resumo da programação de uma mandala com base numérica 6

PALAVRA-CHAVE: associação.

QUALIDADES QUE ESTIMULA: conciliação, decisão, paciência.

NO PLANO MATERIAL: conforto, lar agradável, família feliz, serviço.

NO PLANO ESPIRITUAL: harmonia, integração, religiosidade.

NO PLANO EMOCIONAL: aceitação das obrigações, casamento.

NO PLANO ENERGÉTICO: afasta energias exteriores.

MANDALA COM BASE NUMÉRICA 6

MANDALA COM BASE NUMÉRICA 7

A mandala cuja base numérica é 7 está simbolicamente ligada ao enriquecimento espiritual, à vida interior, aos processos evolutivos e à união com a fonte divina de tudo.

Quando olhamos para uma mandala que está estruturada sobre o número 7, nosso foco visual deve ser sempre o centro. Por ser a mandala cuja vibração numérica é a mais espiritual de todas, ela é a que leva a Deus com mais facilidade. A ênfase vibracional da mandala, neste caso, está concentrada no repouso, na tranqüilidade necessária para encontrar Deus e receber aquilo que ele nos reserva, como Grande Pai.

A influência desta base numérica é masculina e positiva; ela induz à concretização. Não é por estar muito ligada à espiritualidade que a vibração 7 é pouco ativa. Na verdade, o poder sétuplo representa a aplicação da espiritualidade na matéria. Isso significa que é possível descobrir como mudar as condições materiais por meio da fé.

O número 7 também está ligado ao conceito de avanço, progresso, uma vez que cada lição incorporada na espiritualidade representa uma evolução para a alma.

Observe a mandala com base no número 7 que está no livro. Ela foi criada de maneira a ativar a sua ligação com a energia da espiritualidade. O ponto central está cercado por sete linhas concêntricas. Ela tem duas estrelas de sete pontas sobrepostas em tonalidades diferentes. Há também o desenho de uma flor de sete pétalas. É uma mandala bonita, simples e com muita força expressiva.

Assim criada, essa mandala traz do plano espiritual muitas emanações que atuam na matéria com força. Ela é um apoio energético para momentos difíceis e pode fornecer suporte inicial para ativações energéticas com outra mandala. Isto é, você inicia com a mandala 7 para estabelecer uma ligação com Deus e depois passa para outra, mais específica para a ativação vibracional que objetiva.

Resumo da programação de uma mandala com base numérica 7

PALAVRA-CHAVE: espiritualização.

QUALIDADES QUE ESTIMULA: fé, caridade, sabedoria.

NO PLANO MATERIAL: honras, reconhecimento, triunfo.

NO PLANO ESPIRITUAL: misticismo, aprendizado, intuição.

NO PLANO EMOCIONAL: estabilidade, calma, introspecção.

NO PLANO ENERGÉTICO: proteção, amparo, inspiração.

MANDALA COM BASE NUMÉRICA 7

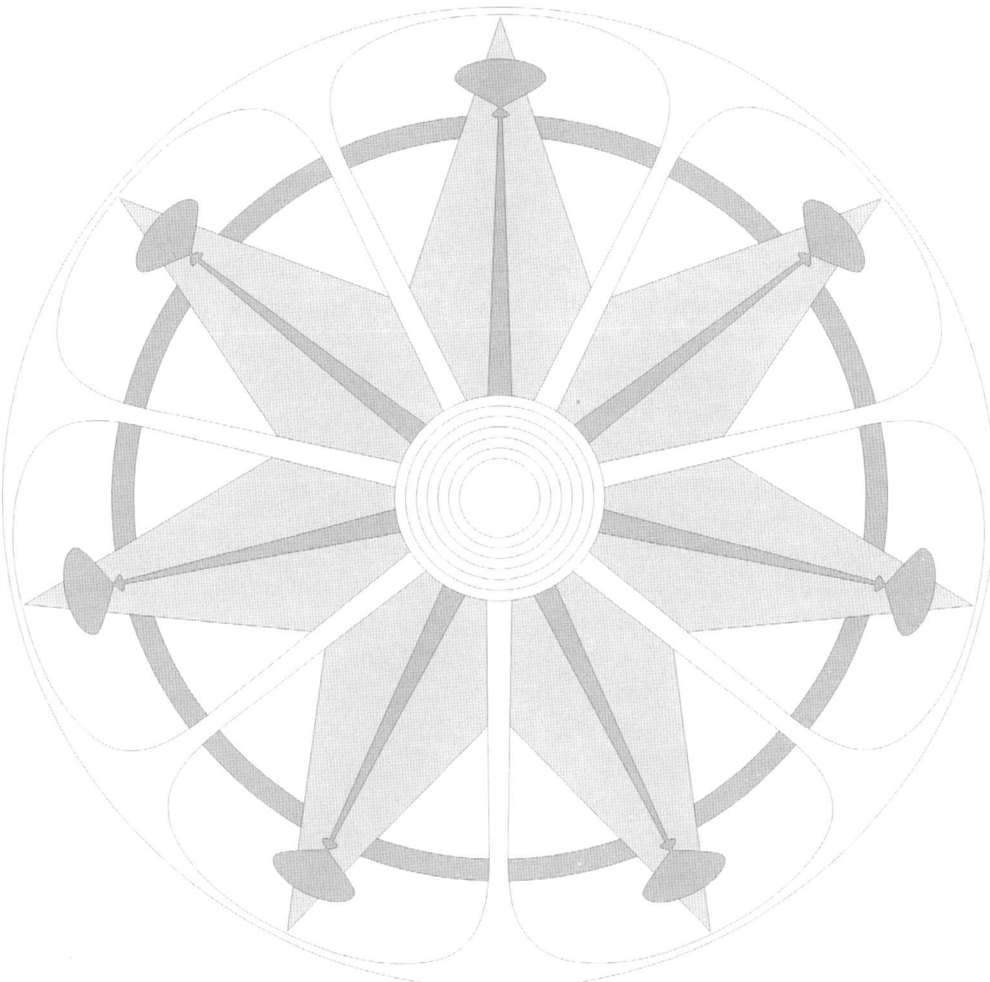

MANDALA COM BASE NUMÉRICA 8

A mandala cuja base numérica é 8 está simbolicamente ligada aos resultados da energia aplicada, isto é, ela é a representação simbólica de uma colheita que vem depois de um plantio.

Quando olhamos para uma mandala que está estruturada sobre o número 8, o foco visual é sempre levado a uma célula cujas vibrações trazem harmonia e equilíbrio. O campo visual não apresenta valores ímpares, que são sempre indicativos de algo inesperado. É uma boa mandala para obter cura física, mas também para fazer correções no fluxo de energia por todo o corpo.

A ênfase vibracional da mandala, neste caso, está concentrada no resultado que se pode esperar depois da ação. Geralmente esse resultado é conseqüência de algo feito com uma meta e direcionado para determinado fim.

A influência desta base numérica é calma e poderosa. Ela contém a semente da autoridade e a capacidade de enxergar além do que está exposto. Na vida material, como na espiritual, ela mostra aquilo que vem por merecimento.

O número 8 também está ligado ao conceito de justiça, seja ela a justiça divina, seja a justiça dos homens.

Observe a mandala com base no número 8 que está no livro. Ela foi criada de maneira a ativar a sua ligação com a energia da harmonia e do equilíbrio. Ela possui em seu desenho octógonos, pétalas de flores e de lótus. Essa conjugação coloca unidos, de maneira harmônica, elementos orientais e ocidentais, assim como é possível unir tendências opostas ou até mesmo antagônicas em uma personalidade.

Por estar criada com essa composição, essa mandala traz do plano superior emanações que atuam na nossa estrutura mental e física, ordenando emoções, pensamentos e dando paciência para aguardar que todos os atos produzam resultados.

Resumo da programação de uma mandala com base numérica 8

PALAVRA-CHAVE: compensação.

QUALIDADES QUE ESTIMULA: responsabilidade, persistência, seriedade.

NO PLANO MATERIAL: resultados do trabalho, recompensas, dinheiro.

NO PLANO ESPIRITUAL: poder, merecimento, julgamento correto.

NO PLANO EMOCIONAL: equilíbrio, serenidade, discernimento.

NO PLANO ENERGÉTICO: vitalidade, saúde, mente clara.

MANDALA COM BASE NUMÉRICA 8

MANDALA COM BASE NUMÉRICA 9

A mandala cuja base numérica é 9 está simbolicamente ligada à conclusão de um ciclo de aprendizados, seja em que plano de realização isso aconteça. Sua programação encerra uma fase ou termina um trabalho que se estava a fazer. Ela conclui uma etapa, para permitir que outra seja iniciada.

Quando olhamos para uma mandala que está estruturada sobre o número 9, recebemos muita defesa para que tudo isso aconteça sem traumas nem perda excessiva de tempo.

A ênfase vibracional da mandala, neste caso, está concentrada no tempo e na maneira certa de fazer as coisas. Ela representa o tempo da vida no qual um homem se torna sábio e experiente.

A influência desta base numérica é um pouco restritiva, ela não mostra sua força para quem não compreende o valor da espera, do silêncio, da solidão.

O número 9 também está ligado ao conceito de especial, isto é, ele rege tudo o que é para poucos, que só é alcançado depois que se mostra determinação e se dá o tempo necessário.

Observe a mandala com base no número 9 que está no livro. Ela foi criada de maneira a ativar sua ligação com a energia daquilo que é reservado para poucos, por isso ela tem a forma central de uma coroa, como se fosse feita para um rei. Ela tem nove setores bem delineados, cada um simbolizando uma das lições anteriores, mais a lição presente. Você vê com clareza pétalas e a forma poligonal do eneágono.

Assim criada, essa mandala traz do plano divino emanações que atuam acentuadamente na organização mental, gerando necessidades especiais, para que a alma possa se fortalecer, poupar suas energias e proteger-se. Trabalhe com ela para atender à sua necessidade de conhecer, estudar e saber.

Resumo da programação de uma mandala com base numérica 9

PALAVRA-CHAVE: especialização.

QUALIDADES QUE ESTIMULA: estudo, autocontrole, conscientização.

NO PLANO MATERIAL: pesquisa, poupança, investigação.

NO PLANO ESPIRITUAL: busca concretizada, evolução, descobertas.

NO PLANO EMOCIONAL: espera, calma, viver bem consigo mesmo.

NO PLANO ENERGÉTICO: conservação da energia, isolamento, defesa.

MANDALA COM BASE NUMÉRICA 9

MANDALA COM BASE NUMÉRICA 10

A mandala cuja base numérica é 10 está simbolicamente ligada a todos os mesmos conceitos da mandala unitária, porém ela guarda em si a renovação, que é uma característica da sua estrutura numérica. Ela mostra que se vai repetir tudo aquilo que já foi feito, mas agora tudo passa a acontecer numa outra base.

Quando olhamos para uma mandala que está estruturada sobre o número 10, nossa atenção visual é colocada diante de uma série de formas que lembram dinâmica e aceleração.

A ênfase vibracional da mandala, neste caso, está concentrada no movimento, que coloca tudo em andamento. Por isso, em situações estagnadas, essas vibrações são uma forma de dinamizar e acelerar os processos.

A influência desta base numérica é ativa, masculina e positiva. Ela faz bem, pois tira da inércia, preparando o corpo e a mente para agir. É muito estimulante.

O número 10 também está ligado ao conceito de alternância, uma vez que ele indica que o processo de aprendizado encerrado no número 9 agora terá uma retomada, porém em bases diferentes. Um dos simbolismos deste número é a virada da sorte, na qual aquilo que existe será modificado completamente.

Observe a mandala com base no número 10 que está no livro. Ela foi criada de maneira a ativar a sua ligação com a energia da renovação. No seu centro há um movimento de giro ao redor do ponto central; é uma movimentação progressiva, não retrógrada. Além dessa roda em movimento, há pétalas de lótus e dez setores distintos.

Assim criada, esta mandala traz do plano mais elevado emanações que atuam na mente e no corpo com dinamismo. O seu valor está em mudar aquilo que não está bem; é para isso que ela está programada. Trabalhe com essa energia para modificar o que está mal e lançar energia sobre o que está no início.

Resumo da programação de uma mandala com base numérica 10

PALAVRA-CHAVE: movimentação.

QUALIDADES QUE ESTIMULA: dinamismo, atividade, otimismo.

NO PLANO MATERIAL: aceleração, mudança de ciclo, sorte.

NO PLANO ESPIRITUAL: compreensão da roda da vida, aceitação.

NO PLANO EMOCIONAL: alegria, entusiasmo, impulsos para a ação.

NO PLANO ENERGÉTICO: ativação de processos energéticos, aceleração.

MANDALA COM BASE NUMÉRICA 10

MANDALA COM BASE NUMÉRICA 11

A mandala cuja base numérica é 11 está simbolicamente ligada à força interior e exterior de um ser. Ela é portadora da capacidade de utilizar os potenciais latentes em cada criatura criada por Deus. E permite que isso seja compreendido por cada um, mesmo o mais humilde e desamparado.

Quando olhamos para uma mandala que está estruturada sobre o número 11, nossa atenção visual é colocada diante de uma potência realizadora. Sua vibração é dual, atendendo a pólos opostos de energia com igual eficiência.

A ênfase vibracional da mandala, neste caso, está concentrada na preservação. É uma formação que atende às necessidades de manutenção daquilo que existe, facilitando a sua expressão. Essa vibração traz muita proteção.

A influência desta base numérica é ampliadora, sábia e doadora. Podemos receber dela muito estímulo, que nos fará usar o poder do desejo legítimo.

O número 11 também está ligado ao conceito de maternidade, crianças e educação. Ele permite olhar para o passado e buscar ali a força da tradição e dos valores aprendidos no lar.

Observe a mandala com base no número 11 que está no livro. Ela foi criada de maneira a ativar a sua ligação com a energia de um desenho antigo, que lembra aquele que está nas catedrais cristãs. É uma rosácea, com muitos círculos e uma borda em pétalas de lótus.

Assim criada, essa mandala traz do plano divino emanações que atuam na sede interior da vontade, aquele lugar oculto que guarda um enorme poder, ainda inexplorado e desconhecido. Trabalhe com essa mandala para obter mais força, para mostrar sua real capacidade, para receber apoio em casa, para transpor um obstáculo, para derrotar um inimigo, para superar um estado de oposição.

Resumo da programação de uma mandala com base numérica 11

PALAVRA-CHAVE: preservação.

QUALIDADES QUE ESTIMULA: segurança, paciência, educação.

NO PLANO MATERIAL: força conquistadora, crescimento e manutenção.

NO PLANO ESPIRITUAL: ativação de dons espirituais natos, sabedoria.

NO PLANO EMOCIONAL: certeza de ser amado, doação, entrega.

NO PLANO ENERGÉTICO: controle de energias, boa administração dos recursos energéticos.

MANDALA COM BASE NUMÉRICA 11

MANDALA COM BASE NUMÉRICA 12

A mandala cuja base numérica é 12 está simbolicamente ligada ao encerramento de um ciclo, com toda a carga dissolutiva que isso representa. Ao terminar algo, contabilizam-se os pontos positivos e o passado é deixado para trás, sem arrependimento.

Quando olhamos para uma mandala que está estruturada sobre o número 12, a atenção visual é dirigida para doze setores, que sempre nos lembram muito uma carta astrológica. Essas áreas, num mapa astrológico, são as mesmas que contêm todas as experiências de uma vida.

A ênfase vibracional da mandala, neste caso, está concentrada na finalização. Ela é a representação da chegada ao último estágio de experiência, no qual todas as etapas foram cumpridas e todas as provas e purificações são encerradas.

A influência desta base numérica é passiva, neutra e de certa forma liberadora. Ela não pode ativar, uma vez que cumpre ainda preparar para uma nova realidade. Ela não pode fechar, já que precisa deixar fluir o resto da energia que deve ir embora.

O número 12 também está ligado ao conceito de karma, no sentido que essa palavra tem de resgate e dissolução de elos negativos, bem como correção dos erros passados e liberação para uma nova realidade, mais leve e pacífica.

Observe a mandala com base no número 12 que está no livro. Ela foi criada de maneira a ativar a sua ligação com a energia dos ciclos. Ela apresenta setores bem distintos, cada qual representativo de um estágio e de uma experiência. Medite sobre isso.

Assim criada, essa mandala traz do plano superior emanações que atuam na vontade de se unir ao semelhante, tanto para doar como para receber apoio, em todos os momentos. Trabalhe com essa mandala para entender seu destino e encerrar um ciclo existencial, indo para outra fase de sua vida.

Resumo da programação de uma mandala com base numérica 12

PALAVRA-CHAVE: dissolução.

QUALIDADES QUE ESTIMULA: caridade, sinceridade, solidariedade.

NO PLANO MATERIAL: concretização, finalização, colaboração.

NO PLANO ESPIRITUAL: entendimento, conexão com seres iluminados.

NO PLANO EMOCIONAL: sentimentos livres, capacidade de ser amigo.

NO PLANO ENERGÉTICO: liberação de energia para suprir quem não tem.

MANDALA COM BASE NUMÉRICA 12

As mandalas e as cores

Neste capítulo você encontra sete mandalas. Cada uma delas foi criada para que você possa trabalhar com a vibração das cores, de acordo com a energia que deseja receber e movimentar.

Como campo de força atuante e dinâmico, uma mandala modifica a energia daquilo que faz contato com ela. Mesmo que sua ação seja para estabelecer uma limitação, a mandala está sempre realizando um trabalho energético capaz de modificar com suas vibrações a energia dos seres e dos lugares onde está.

Cada mandala deste capítulo tem uma programação que a preparou para receber a cor com a qual será colorida. A atuação da mandala estará limitada pela programação da cor escolhida para ela. Se você considerar isso, poderá selecionar de modo adequado.

Leia todas as programações das cores antes de fazer a sua escolha, assim terá certeza de que escolheu a vibração de que precisa.

Use essas mandalas das maneiras já sugeridas. Para olhar e colorir, principalmente. Não deixe de se exercitar com elas. Estabeleça uma ligação com a energia da mandala escolhida por vários dias, trabalhando cerca de quinze a trinta minutos diários com ela. Se precisar, faça cópias. O tempo médio para sentir uma alteração energética significativa é de duas a quatro semanas.

Ainda que não possa sentir, quando você trabalha com uma mandala, ela movimenta e emana energias que irão alterar para melhor as suas energias individuais.

Se uma mandala não for escolhida acertadamente, ela não faz aquilo que se espera. Por isso, sempre observe bem qual a programação de cada mandala com que você trabalha. Se usar uma cor diferente da certa, você receberá algo de que não necessitava, mas não será uma energia negativa.

As mandalas para trabalhar com as cores são mais simples, embora sejam, como as outras mais elaboradas, muito bonitas.

Cada cor está relacionada com um chakra, que é um centro de energia do nosso corpo. Assim sendo, sempre poderá trabalhar com uma mandala de cor aliada a uma mandala de chakra. Para que isso seja feito corretamente, observe a relação cor/chakra.

Nas páginas seguintes há uma explicação sobre a programação das mandalas segundo suas cores. No final de cada texto há um pequeno resumo, que contém a síntese daquilo que é preciso saber sobre a programação de cada cor, muito útil para uma consulta rápida.

MANDALA DO VERMELHO

A primeira mandala foi desenhada para ser colorida em tonalidades de vermelho. Essa cor tem como característica ser uma cor primária e quente, transmissora de calor.

A vibração do vermelho é ativadora, portanto ela beneficia pessoas cansadas, desanimadas e anêmicas. A atuação desta cor é mais voltada para o corpo físico do que sobre outros corpos mais sutis.

É preferível usar a vibração dos tons de rosa para colorir a mandala, desde o rosa forte até o mais suave, uma vez que o vermelho puro pode trazer irritação, impaciência e às vezes atitudes violentas. Use tons de rosa variados, vermelhos bem escuros e só um pouco de vermelho vivo. Coloque um toque de verde para fazer contraponto aos tons de vermelho e rosa.

O vermelho também é uma cor de característica magnética, o que faz que suas vibrações estimulem as atrações que produzem paixões e amizades fortes.

A mandala criada para ser colorida com a cor vermelha tem em seu interior triângulos, que são símbolos de elevação e do elemento fogo. Há também mais de um círculo e uma flor de lótus com oito pétalas.

Não se usa o vermelho quando há inveja, agressividade, ciúme, vontade de vingar-se, inimizade, descontrole emocional ou sexual, tensão pré-menstrual.

O terapeuta usa o vermelho para pacientes apáticos e sem motivação, com carência de ferro no organismo, que não conseguem trabalhar ou ganhar seu sustento. O vermelho atua bem em terapias para pessoas com bloqueios na sexualidade, principalmente impotência.

Resumo da programação de uma mandala do vermelho

PALAVRA-CHAVE: ter.

QUALIDADES QUE ESTIMULA: dinamismo, coragem, liderança.

NO PLANO MATERIAL: gosto pelo trabalho, impulso sexual, disposição.

NO PLANO ESPIRITUAL: defesa contra ataques dirigidos ao físico.

NO PLANO EMOCIONAL: estimula os ideais.

NO PLANO ENERGÉTICO: abre favorecimento para realizações materiais.

CHAKRA: Muladhara, o 1º chakra.

MANDALA PARA COLORIR DE VERMELHO

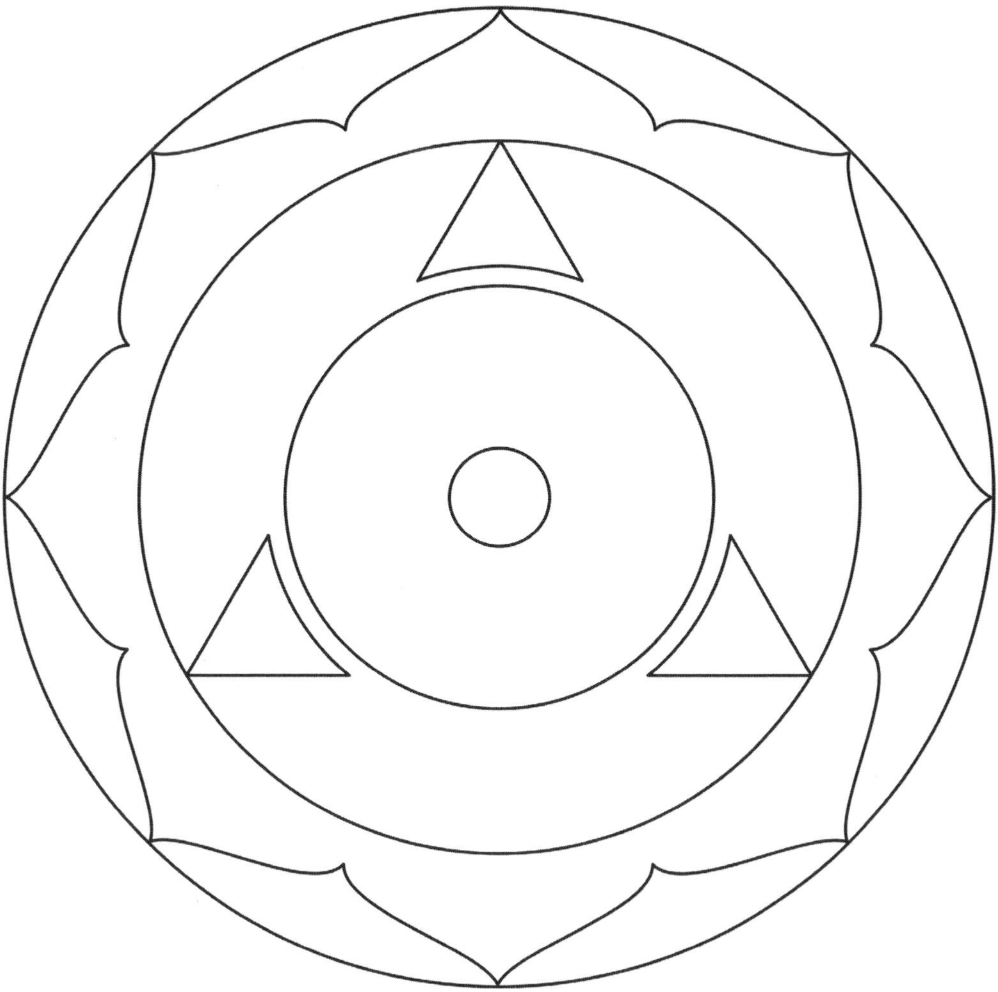

MANDALA DO AMARELO

A segunda mandala foi desenhada para ser colorida em tonalidades de amarelo. Essa cor é de característica primária, às vezes é quente e transmite calor, mas há tonalidades de amarelo que puxam para os tons limão, que são de vibração quase fria.

A vibração do amarelo é leve, livre e espontânea; sua energia beneficia as pessoas tensas e ansiosas. A atuação desta cor é expansiva, induz à ação, quando regida pelo intelecto.

Use a vibração do amarelo para colorir a mandala, desde o amarelo quase neutro até os tons mais vibrantes dessa cor. O amarelo-limão pode trazer uma luz especial. Use tons de amarelo variados e inclua o amarelo-ouro, que é um tom vivo. Coloque um toque de lilás para fazer contraponto aos tons de amarelo.

O amarelo também é uma cor de característica preparatória, o que faz que suas vibrações estimulem a absorção das vibrações de uma outra cor. Assim, quando estiver indeciso sobre a cor a trabalhar primeiro, comece com algumas sessões de amarelo.

A mandala criada para a cor amarela tem em seu interior uma estrela e a vibração do 8 em pétalas. Ela parece dinâmica e com certo movimento.

Não se usa o amarelo quando há distúrbios mentais, imaturidade, desconcentração, medos e fobias, pensamentos suicidas, distúrbios do sono, com pesadelos ou insônia.

O terapeuta usa o amarelo para pacientes que precisam agir e não fazem aquilo que deve ser feito, por medo ou insegurança. O amarelo atua bem em terapias para pessoas com transtornos nervosos e pensamentos sombrios, com fixação em determinado fato ou pessoa, que apresentam estafa mental.

Resumo da programação de uma mandala do amarelo

PALAVRA-CHAVE: agir.

QUALIDADES QUE ESTIMULA: discernimento, sintonia, alegria.

NO PLANO MATERIAL: atua sobre os nervos, obtém bons resultados.

NO PLANO ESPIRITUAL: elimina resíduos negativos.

NO PLANO EMOCIONAL: dá segurança, prepara para a aceitação.

NO PLANO ENERGÉTICO: recarrega a energia desgastada, cria reservas.

CHAKRA: Manipura, o 3º chakra.

MANDALA PARA COLORIR DE AMARELO

MANDALA DO AZUL

A terceira mandala foi desenhada para ser colorida em tonalidades de azul. Essa cor é de característica primária, suas vibrações são sempre frias.

A vibração do azul é calmante, equilibradora e pacífica; ela beneficia pessoas agitadas e briguentas. A atuação desta cor é harmônica, purificadora, defensiva. No corpo físico, ela atua melhor sobre um conjunto de órgãos do que sobre apenas um ponto isolado. É a cor dos diplomatas, que sabem ouvir e emitem conceitos equilibrados.

Use a vibração do azul para colorir a mandala, desde o azul-claro até os tons fortes e celestes, afinal o azul é a cor do céu. O azul pode trazer uma certa frieza, por isso faça contraponto colocando um pouco de laranja, que é a cor complementar do azul.

O azul também é uma cor de característica bloqueadora, o que faz que suas vibrações estimulem a criação de um campo de proteção que afasta ou impede a chegada de energias de má qualidade.

A mandala criada para a cor azul tem em seu interior uma estrela, a vibração óctupla e um movimento ondulatório.

Não se usa o azul quando há medo intenso, pois a energia que assusta fica com a saída bloqueada. Também evite o azul em momentos de preguiça, falta de ânimo ou de atitudes incertas.

O terapeuta usa o azul para pacientes que estão explosivos, agressivos, ciumentos. O azul atua bem em terapias para pessoas com stress, insônia e vícios. É a melhor cor a ser usada depois de uma hospitalização, pois facilita o restabelecimento.

Resumo da programação de uma mandala do azul

PALAVRAS-CHAVE: falar e ouvir.

QUALIDADES QUE ESTIMULA: paciência, harmonia, equilíbrio.

NO PLANO MATERIAL: é atrativa, traz amizades e recursos materiais.

NO PLANO ESPIRITUAL: é defensiva, bloqueia.

NO PLANO EMOCIONAL: acalma, gera afeto e sentimentos brandos.

NO PLANO ENERGÉTICO: limpa e ajusta, boa para crianças e idosos.

CHAKRA: Visudha, o 5º chakra.

MANDALA PARA COLORIR DE AZUL

MANDALA DO LARANJA

A quarta mandala foi desenhada para ser colorida em tonalidades de laranja. Essa cor é de característica secundária, quente. É uma mistura do amarelo com o vermelho.

A vibração do laranja é restauradora, seu poder regenerativo beneficia pessoas cansadas, fracas e tristes. A atuação desta cor é ativadora e influi tanto sobre a saúde do corpo físico quanto sobre os processos mentais.

Use a vibração laranja para colorir a mandala, aplique desde o laranja mais suave e dourado até os tons mais vibrantes e avermelhados. O laranja pode trazer uma transformação rápida no estado mental e orgânico, em qualquer tonalidade. Faça assim: use tons variados e, para fazer contraponto ao laranja, coloque um pouco de azul, que é a sua cor complementar.

O laranja também é uma cor de característica estrutural, o que faz com que as suas vibrações estimulem a permanência do bem-estar obtido.

A mandala criada para a cor laranja é simples, como todas as outras. Ela tem em seu interior três pétalas, com algumas ondulações. Sua composição trina lembra o Pai, o Filho e o Espírito Santo.

Não se usa o laranja quando há emoções descontroladas, com gritos e crises de choro. Qualquer descontrole pede uma cor mais calma. Evite o laranja na raiva, na agressividade, na excitação.

O terapeuta usa o laranja para pacientes que precisam de mais alegria, que estão depressivos e sem vontade de fazer algo por si. O laranja atua bem em terapias para pessoas com falta de objetivo na vida. Considere a sua função estrutural, que assegura a estabilidade dos resultados terapêuticos. Use para melhorar o sistema imunológico, evitar contágios, criar resistência, regenerar as energias depois de uma fase traumática, recarregar o campo vibratório.

Resumo da programação de uma mandala do laranja

PALAVRA-CHAVE: sentir.
QUALIDADES QUE ESTIMULA: alegria, capacidade de recuperação.
NO PLANO MATERIAL: cria uma solidez material e restaura o corpo.
NO PLANO ESPIRITUAL: iluminação, imunização contra ataques.
NO PLANO EMOCIONAL: regenera os danos de emoções negativas.
NO PLANO ENERGÉTICO: recarrega e estabiliza o campo vibratório.
CHAKRA: Suadisthana, o 2º chakra.

MANDALA PARA COLORIR DE LARANJA

MANDALA DO VERDE

A quinta mandala foi desenhada para ser colorida em tonalidades de verde. Essa cor é de característica secundária, quase sempre fria, embora haja outro tom de verde que tem mais amarelo e se torna um pouco mais quente. O verde que contém uma carga maior de azul é uma cor bem fria.

A vibração do verde é essencialmente curativa; sua energia beneficia pessoas doentes e em processo de restabelecimento. A atuação desta cor é como um bálsamo para as feridas.

Use a vibração verde para colorir a mandala; empregue desde o verde bem claro até os tons de verde profundos, passando pelos verdes azulados. Os momentos em que se trabalha com a cor verde podem trazer calma e vitalização. Use verdes variados, prefira aqueles que mais lembram as plantas, aplique verde-claro e verde-vivo. Para criar um contraponto interessante, use um pouquinho de vermelho, que é a cor complementar do verde.

O verde também é uma cor de característica isolante, o que faz que suas vibrações estimulem a capacidade de impedir a entrada de energias indesejadas.

A mandala criada para a cor verde tem em seu interior estruturas orientais e ao seu redor há quatro portais de entrada, que representam os quatro elementos da natureza.

Não se usa o verde quando há hipocondria (mania de doença), espasmos dolorosos nos nervos, atitudes muito sistemáticas.

O terapeuta usa o verde para pacientes depressivos, anoréxicos, sem auto-estima, com fobias e pânico, com a memória fraca. O verde atua bem em terapias para pessoas com problemas físicos em geral. Nas decepções amorosas, essa cor traz a capacidade de amar outra vez.

Resumo da programação de uma mandala do verde

PALAVRA-CHAVE: amar.

QUALIDADES QUE ESTIMULA: segurança, esperança, bons sentimentos.

NO PLANO MATERIAL: favorece a colheita merecida dos esforços, cura.

NO PLANO ESPIRITUAL: integra corpo e espírito.

NO PLANO EMOCIONAL: traz o amor e a amizade.

NO PLANO ENERGÉTICO: é um isolante, impede perdas energéticas.

CHAKRA: Anahata, o 4º chakra.

MANDALA PARA COLORIR DE VERDE

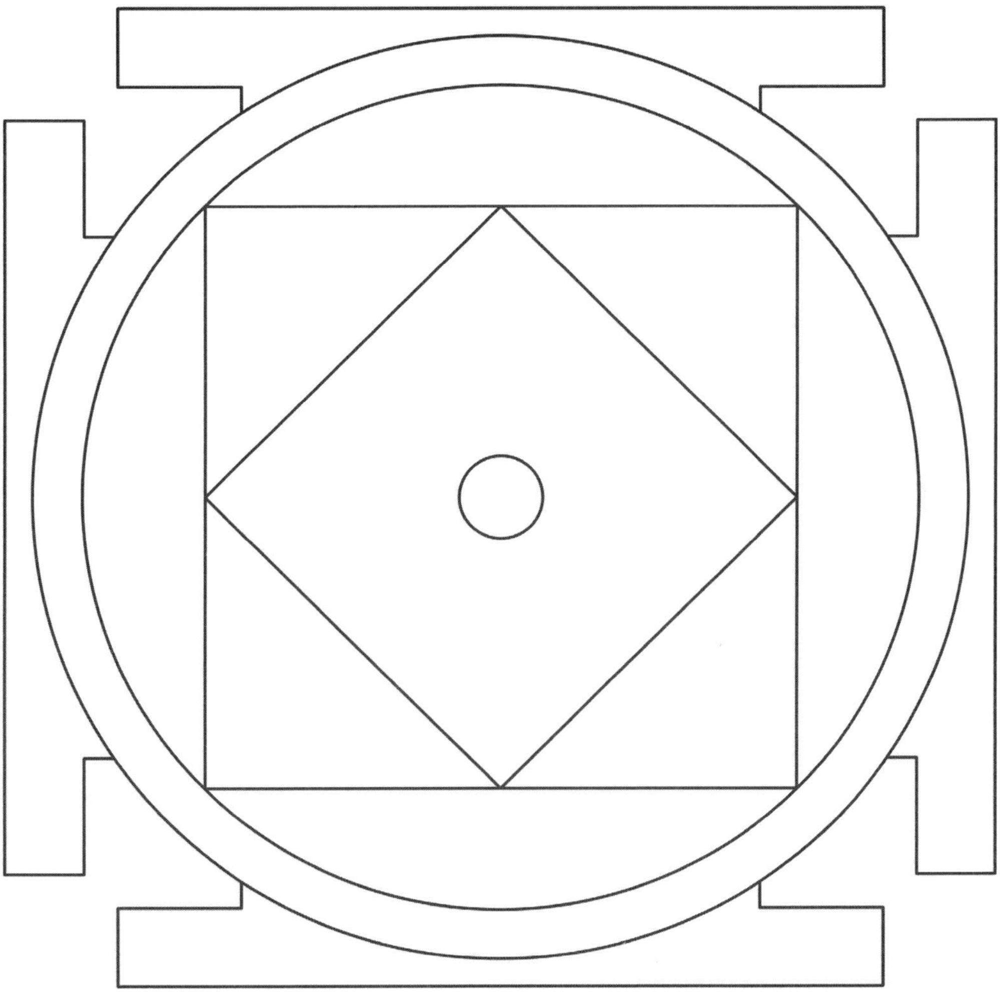

MANDALA DO ÍNDIGO

A sexta mandala foi desenhada para ser colorida em tonalidades de índigo. Essa cor é de característica secundária, é mais fria do que quente, uma vez que é composta de azul e violeta, que são cores frias.

A vibração do índigo é das mais poderosas, ela beneficia as pessoas mais no campo das energias sutis do que na área da materialidade. A atuação desta cor é a mais elevada na escala das cores, sendo superior ao violeta.

Use a vibração índigo para colorir a mandala, mas você terá de fazer isso quase sem ter as cores preparadas, terá de misturar lápis ou tintas. O trabalho feito assim pode trazer belos resultados. Com lápis ou giz de cera, use tons de azul variados e cubra com tons de violeta, ou vice-versa.

O índigo também é uma cor de característica corretiva, o que faz que suas vibrações atuem sobre os efeitos gerados pela eliminação dos erros, sejam eles na alma ou no sistema energético.

A mandala criada para a cor índigo tem em seu interior pétalas e uma divisão óctupla do espaço.

Não se usa o índigo quando há alguma limpeza orgânica, pois essa cor pode ativar o processo, gerando uma crise intensa na eliminação.

O terapeuta usa o índigo para pacientes em crise espiritual ou emocional. O índigo atua bem em terapias para pessoas com desespero, obsessão, obstáculos, vivência de perda afetiva ou falecimento de algum ente querido, perseguição.

Resumo da programação de uma mandala do índigo

PALAVRA-CHAVE: ver.

QUALIDADES QUE ESTIMULA: intuição, capacidade de perdoar.

NO PLANO MATERIAL: integração, correção dos erros, abertura.

NO PLANO ESPIRITUAL: afasta os efeitos dos erros.

NO PLANO EMOCIONAL: atrai quem é positivo e pessoas com quem se harmonizar.

NO PLANO ENERGÉTICO: limpa, energiza, fecha as saídas de energia.

CHAKRA: Ajna, o 6º chakra.

MANDALA PARA COLORIR DE ÍNDIGO

MANDALA DO VIOLETA

A sétima mandala foi desenhada para ser colorida em tonalidades de violeta. Essa cor é de característica secundária, pois provém da mistura do vermelho com o azul. Ela é quase sempre fria, embora haja um violeta mais carregado de vermelho que é mais quente.

A vibração do violeta é mais voltada para os campos energético e espiritual. A atuação desta cor é mais ativa no plano da espiritualidade; ela beneficia as pessoas que estão em evolução. Muda fluidos negativos em positivos, num processo de transmutação.

Use a vibração violeta para colorir a mandala, aplique em seu trabalho desde o lilás suave até o violeta papal, intenso e escuro. O violeta pode ser com tons acinzentados ou esverdeados, que criam uma certa neutralidade. Faça assim: use tons de violeta variados e, para criar uma compensação, coloque um pouco de amarelo-vivo ou amarelo-claro. O amarelo é a cor complementar do violeta.

O violeta também é uma cor de característica reveladora, o que faz que suas vibrações estimulem os sonhos, a intuição, o uso de oráculos, a investigação dos mistérios espirituais. A exata noção da divindade que habita o interior de cada ser vem com essa cor.

A mandala criada para a cor violeta tem em seu interior a divisão sêxtupla e a estrela de Davi, um símbolo de fé e conexão com Deus.

Não se usa o violeta quando há tendência para fantasias e fuga da realidade. Evita-se a cor violeta na cabeça, bem como para fanáticos, viciados e místicos perturbados.

O terapeuta usa o violeta para pacientes que estão perdendo sua ligação com Deus, para estimular a fé verdadeira e positiva no coração deles. O violeta atua bem em terapias para pessoas com chakras desconectados, cujo fluxo energético está invertido. Usa também em processos físicos degenerativos, para anular ataques espirituais e desinfetar o seu local de trabalho. Essa cor tira o peso da culpa.

Resumo da programação de uma mandala do violeta

PALAVRA-CHAVE: saber.

QUALIDADES QUE ESTIMULA: fé, caridade, bondade.

NO PLANO MATERIAL: eficaz em processos degenerativos.

NO PLANO ESPIRITUAL: atua contra más energias, anula oposição.

NO PLANO EMOCIONAL: tira sentimento de culpa, elimina fantasias.

NO PLANO ENERGÉTICO: reordena os chakras; sempre use azul depois.

CHAKRA: Sahasrara, o 7º chakra.

MANDALA PARA COLORIR DE VIOLETA

As mandalas e os chakras

Neste capítulo você encontrará sete mandalas, e cada uma delas está relacionada com um centro de energia, que se conhece pelo nome de chakra. As mandalas representam o desenho tradicional do chakra ao qual cada uma está ligada e têm no interior o seu nome, em sânscrito.

Já sabemos como o campo de força da mandala modifica a energia daquilo que faz contato com ela, e assim é também com as mandalas dos chakras.

Cada mandala deste capítulo tem uma programação que a prepara para atuar sobre um dos centros de energia dos nossos corpos físico e sutil. A influência de uma mandala estará, portanto, limitada ao centro de energia que lhe corresponde. Para selecionar de modo correto, é interessante que você leia o texto que explica as características de cada centro de energia e sobre o que ele influi.

Leia todas as programações antes de fazer a sua escolha, assim você terá certeza de que escolheu a mandala certa.

Use as mandalas dos chakras como você faz com as outras. Para olhar e colorir, em primeiro lugar, mas não deixe de trabalhar com elas, porque irá se sentir muito bem.

Faça ligação com a energia da mandala escolhida por vários dias, fazendo contato com ela durante cerca de quinze a trinta minutos por dia. Se precisar, faça cópias. O tempo médio para sentir alguma alteração energética é de duas a quatro semanas.

Ainda que você não possa perceber inicialmente, ao trabalhar com a mandala, ela está alterando para melhor as suas energias individuais, e isso se fará sentir depois de alguns dias.

Uma mandala que não é escolhida com precisão não faz aquilo que se espera. Por isso, sempre analise e conheça bem qual a programação de cada mandala. Se usar um desenho diferente daquele que é o certo para o seu caso, você receberá algo de que não necessitava, mas que não terá efeitos negativos.

As mandalas para trabalhar os chakras adaptam-se muito bem para exercícios de respiração, meditação e concentração mental. Podem ser usadas com mantras e também ser coloridas. Como já sugerimos, você pode usar uma mandala de chakra junto com uma mandala de cor, desde que estabeleça a relação certa entre a cor e o chakra.

Nas páginas seguintes há uma explicação sobre a programação das mandalas segundo a sua ligação com determinado chakra. No final de cada texto há um pequeno resumo, com a síntese do que é interessante saber sobre a programação de cada mandala de chakra. Ele será útil quando você quiser fazer uma consulta rápida.

MANDALA DO 1º CHAKRA

Este centro de energia é chamado de Chakra Básico, mas outros nomes o identificam: Kundalíneo, Raiz, Fundamental. Seu nome oriental é Muladhara.

A posição do primeiro centro de energia no corpo humano é na base da coluna e, quando a pessoa está de pé, ele se relaciona com a terra por meio da sola dos pés.

Este chakra está ligado às glândulas supra-renais.

Entre as funções deste centro de energia, podemos considerar a ligação com o planeta Terra e com sua fonte de luz, o Sol. Toda perda de energia física afeta este chakra, uma vez que ele distribui essa energia pelo corpo. Os cuidados com o corpo, o interesse pela vida material, a busca de prazeres físicos e a capacidade de ganhar o próprio sustento são coisas que estão diretamente relacionadas com esse chakra.

As desordens do primeiro chakra acontecem quando a vida se torna muito material e não há controle das explosões de temperamento. Raiva, impaciência, violência e irritação são agressões a este chakra. Outras atitudes, de característica materialista, também atingem o primeiro chakra e podem ser causa de seus males, como gula ou vida sexual desregrada.

No corpo físico, doenças em pontos que indicam que o primeiro chakra está em desordem são: problemas com comida, músculos e tendões, fragilidade nas extremidades dos ossos, rins, reto, dores de artrite e nervo ciático.

Resumo da programação da mandala do 1º chakra

PALAVRA-CHAVE: corpo.
QUALIDADES QUE ESTIMULA: simpatia, vontade de viver, coragem.
NO PLANO MATERIAL: trabalho, força do corpo, ligação com o pai.
NO PLANO ESPIRITUAL: faz aceitar a encarnação.
NO PLANO EMOCIONAL: paixões, magnetismo amoroso.
NO PLANO ENERGÉTICO: magnetismo sexual, vitalidade.
COR RELACIONADA: vermelho.

MANDALA DO 1º CHAKRA

MANDALA DO 2º CHAKRA

Este centro de energia é chamado de Chakra Umbilical, embora tenha também outras denominações, como Sacro ou Sacral. Seu nome oriental é Suadisthana.

Sua posição no corpo humano é logo abaixo do umbigo.

Este chakra está ligado às gônadas.

Entre as funções deste centro de energia, estão relacionadas a reprodução, a distribuição das energias da terra para os centros de energia superiores, a eliminação de resíduos energéticos nocivos, o acolhimento das emoções, o magnetismo e a sensibilidade.

As desordens do segundo chakra acontecem muitas vezes quando a energia sexual é maldirecionada. Se a pessoa tem atitudes de competição, sedução e manipulação, o segundo chakra é atingido. Os sentimentos de insegurança, o isolamento social e a negação de prazeres também são nocivos. Quem não expressa suas emoções, é inflexível e indiferente aos outros termina por danificar este chakra.

No corpo físico as indicações de que este chakra está atingido negativamente são problemas nos órgãos de reprodução: ovários, útero, próstata, infertilidade. Os problemas nos seios podem indicar que o segundo chakra está desordenado. Também acontecem diverticulite, apendicite e colite quando o chakra está mal, pois os intestinos fazem parte da atuação deste centro de energia.

Resumo da programação da mandala do 2º chakra

PALAVRA-CHAVE: geração.

QUALIDADES QUE ESTIMULA: acolhimento, sensibilidade.

NO PLANO MATERIAL: vida social, ligação com a mãe.

NO PLANO ESPIRITUAL: eliminação de impurezas, mediunidade.

NO PLANO EMOCIONAL: complementação, segurança.

NO PLANO ENERGÉTICO: magnetismo, elemento água.

COR RELACIONADA: laranja.

MANDALA DO 2º CHAKRA

MANDALA DO 3º CHAKRA

Este centro de energia é chamado de Plexo Solar, mas também pode ser denominado Diafragmático ou Esplênico. Seu nome oriental é Manipura.

A posição do terceiro chakra no corpo humano é na região do estômago.

Este chakra está ligado às glândulas pâncreas e baço.

Podemos relacionar entre as funções deste centro de energia a distribuição e a limpeza das energias que vão abastecer o corpo físico, que são adaptadas no terceiro chakra para terem um bom aproveitamento. As más energias são eliminadas através deste chakra.

As desordens do terceiro chakra acontecem quando se usa drogas de qualquer tipo, pois tanto o álcool quanto produtos químicos afetam muito este centro de energia. Os comportamentos negativos para esse centro de energia são o orgulho, a inveja, a má vontade, a submissão. O chakra apresenta reflexos negativos quando a pessoa sente rejeição, é intimidada, não sabe dizer não.

No corpo físico os problemas observados são aqueles relacionados com o pâncreas e o baço, males no fígado e nos rins, úlceras estomacal e duodenal, gastrite, má digestão.

Resumo da programação da mandala do 3º chakra

PALAVRA-CHAVE: manutenção.

QUALIDADES QUE ESTIMULA: cooperação, aceitação, limitação.

NO PLANO MATERIAL: boa disposição física, ligação com os filhos.

NO PLANO ESPIRITUAL: defesa, consciência da encarnação.

NO PLANO EMOCIONAL: satisfação com a vida, alegria.

NO PLANO ENERGÉTICO: expulsão de más vibrações.

COR RELACIONADA: amarelo.

MANDALA DO 3º CHAKRA

MANDALA DO 4º CHAKRA

O quarto centro de energia é chamado de Chakra do Coração, embora possa também receber o nome de Cardíaco. Sua denominação oriental é Anahata.

Sua posição no corpo humano é no meio do peito.

Este chakra está ligado à glândula timo.

Entre as funções do quarto chakra estão relacionados assuntos como receber e dar o perdão, abrir o coração para outras pessoas, sintonizar com a grande fonte de amor divino, compreender a mensagem amorosa de Cristo, encontrar propósito na vida. Deste chakra pode emanar uma grande capacidade curativa.

As desordens do quarto chakra acontecem quando os sentimentos opostos ao amor vigoram. O ódio, a intolerância, o preconceito, o prejulgamento, o egoísmo, a vingança e a solidão são como um veneno para este chakra, que fica danificado por eles. Preguiça, aversão à sua atividade profissional e falta de metas na vida são outros fatores que prejudicam este centro de energia.

O corpo físico apresenta problemas quando o quarto chakra está desordenado. Entre os pontos que ficam mais sensíveis a doenças estão os pulmões, o coração, os braços, as mãos, as costelas, os ombros, o peito.

Resumo da programação da mandala do 4º chakra

PALAVRA-CHAVE: integração.

QUALIDADES QUE ESTIMULA: perdão, amor, caridade.

NO PLANO MATERIAL: toques físicos, mudança por meio do amor, cura.

NO PLANO ESPIRITUAL: sintonia com o amor divino, receber Cristo.

NO PLANO EMOCIONAL: união com as pessoas que ama, saber abraçar.

NO PLANO ENERGÉTICO: aceitar energias vindas dos outros, abertura.

COR RELACIONADA: verde.

MANDALA DO 4º CHAKRA

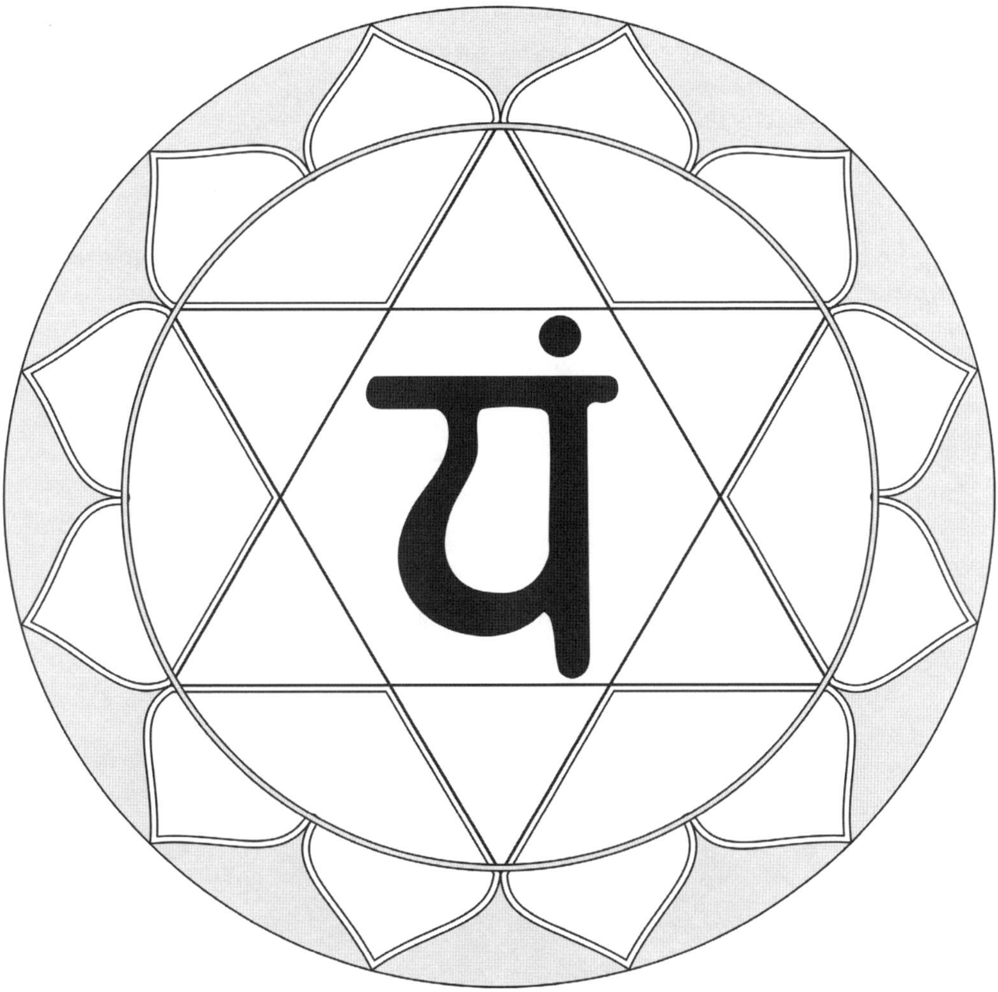

MANDALA DO 5º CHAKRA

Este centro de energia é chamado de Chakra da Garganta, mas Laríngeo é também um nome comum a ele. Sua denominação oriental é Visudha.

No corpo humano, sua posição é na área da garganta.

Este chakra está ligado às glândulas tireóide e paratireóide.

Entre as funções deste centro de energia, podemos citar tudo o que está ligado à comunicação. A fala, o ouvir, a escrita, a maneira de se fazer entender e de compreender os outros. A criatividade, a assimilação de vibrações protetoras, a responsabilidade consigo e com os outros são também assuntos relacionados com o quinto chakra.

As desordens do quinto chakra acontecem quando a pessoa se comunica mal, fala palavras pesadas, deixa de ouvir o que os outros têm para falar, está sempre discutindo, fala demais, faz intrigas e fofocas, não guarda segredos. Há outras atitudes que também podem influir negativamente sobre este chakra: assumir muitas responsabilidades, fugir ou adiar quando precisa fazer escolhas, dominar outras pessoas, ceder com facilidade às tentações que a vida oferece.

O corpo físico reflete as atitudes negativas que ferem o chakra, apresentando alguns males. Os principais pontos atingidos no corpo são a garganta e os ouvidos, resfriados e alergias constantes, doenças na língua, na tireóide, nas cordas vocais, na boca em geral.

Resumo da programação da mandala do 5º chakra

PALAVRA-CHAVE: comunicação.

QUALIDADES QUE ESTIMULA: facilidade para decidir, responsabilidade.

NO PLANO MATERIAL: fala clara, dá poder às palavras.

NO PLANO ESPIRITUAL: vencer a tentação, acrescenta poder às preces.

NO PLANO EMOCIONAL: corta influências alheias, decisões certas.

NO PLANO ENERGÉTICO: assimilação de energias defensivas.

COR RELACIONADA: azul.

MANDALA DO 5º CHAKRA

MANDALA DO 6º CHAKRA

Este centro de energia é chamado de Terceiro Olho, mas também pode receber outros nomes: Chakra da Fronte ou Frontal, Chakra da Testa. Seu nome oriental é Ajna.

Sua posição no corpo humano é no meio da testa.

Este chakra está ligado à glândula pituitária ou hipófise.

Entre as funções deste centro de energia podemos mencionar a sua ação sobre a visão física e espiritual. O sexto chakra amplia todos os dons espirituais, principalmente aqueles que permitem ver sem os olhos, como a intuição, a clarividência e a visão ampliada. Sua influência aumenta os limites espirituais e nos liga com as vibrações provenientes das emanações divinas.

A concentração, a meditação e a visualização podem ser estimuladas pela mandala relacionada com este chakra.

As desordens do sexto chakra acontecem quando a maneira de entender a vida espiritual é deturpada por ilusões, fantasias, sonhos e idéias fixas. Excessiva atividade mental, muitas leituras e estudos criam um estado negativo no sexto chakra. Mas a falta de estímulo mental produz desequilíbrios também.

Algumas atitudes nocivas para este chakra são: desculpar seus erros, perder o ideal, fugir da ligação com a espiritualidade, insistir em mudar o mundo ou resistir às mudanças.

No corpo físico aparecem algumas doenças quando o sexto chakra fica desordenado. Os olhos e o nariz são os primeiros pontos fragilizados, com sinusite ou aumento repentino da miopia. Mas as preocupações também podem gerar úlceras, eczemas ou disfunções neurológicas. Os tumores cerebrais, os gânglios e os nódulos apresentam ligação com um sexto chakra em desarmonia.

Resumo da programação da mandala do 6º chakra

PALAVRA-CHAVE: visão.

QUALIDADES QUE ESTIMULA: inteligência, concentração, atenção.

NO PLANO MATERIAL: achar soluções, motivação para o trabalho.

NO PLANO ESPIRITUAL: mediunidade, sonhos reveladores.

NO PLANO EMOCIONAL: entendimento, capacidade de sintonia.

NO PLANO ENERGÉTICO: energia mental, clareza nos pensamentos.

COR RELACIONADA: índigo.

MANDALA DO 6º CHAKRA

MANDALA DO 7º CHAKRA

Este centro de energia é chamado Chakra da Coroa ou Chakra Coronário. O nome oriental dele é Sahasrara.

Sua posição no corpo humano é no topo da cabeça, num ponto exatamente acima da cabeça, não no crânio.

Este chakra está ligado à glândula pineal, que também se chama epífise.

Entre as funções deste centro de energia, podemos relacionar a distribuição da energia superior para os outros chakras. É por meio deste centro de energia que fazemos comunicação com o plano espiritual, por isso ele nos ajuda a estar perto dos anjos e a fazer contato com mestres espirituais.

A chamada iluminação, que é um estado de consciência ligado ao Ser Supremo, acontece mediante o sétimo chakra. As vibrações criadas por nossas orações passam por ele.

As desordens do sétimo chakra acontecem quando nossa ligação com Deus torna-se fator de desarmonia e geralmente isso é resultado de crenças limitadoras e dogmáticas.

Quem se dedica a práticas espirituais em excesso e acumula muitas vibrações, assim como quem não faz uso de seus potenciais espirituais, quase sempre sofre desordens neste chakra.

No corpo físico, as alterações que indicam desordens no sétimo chakra são doenças relacionadas com o sistema imunológico, problemas no sistema nervoso, dores de cabeça, fragilidade dos ossos, pancadas na cabeça.

Resumo da programação da mandala do 7º chakra

PALAVRA-CHAVE: alma.

QUALIDADES QUE ESTIMULA: fé, consciência, poder espiritual.

NO PLANO MATERIAL: melhora o entendimento dos problemas materiais.

NO PLANO ESPIRITUAL: iluminação, uso dos dons espirituais.

NO PLANO EMOCIONAL: alegria por trilhar seu caminho espiritual.

NO PLANO ENERGÉTICO: para o sistema nervoso, imunização e cabeça.

COR RELACIONADA: violeta.

MANDALA DO 7º CHAKRA

Outras mandalas

As mandalas a seguir estão reunidas em dois grupos distintos; elas têm inspiração ocidental e oriental. São criações livres, feitas para que o leitor apenas faça contato com elas, colorindo-as e usando-as para os variados exercícios que se pode fazer com mandalas.

Nem sempre é necessário usar uma mandala com uma programação definida. É muito interessante usar mandalas apenas como um reforço energético. É importante poder variar, mudando a energia recebida delas com as várias opções que aqui estão.

Essa maneira solta de se ligar às mandalas é sempre muito eficaz. Aproveite as criações que estão nesta parte do livro e use essas mandalas como quiser.

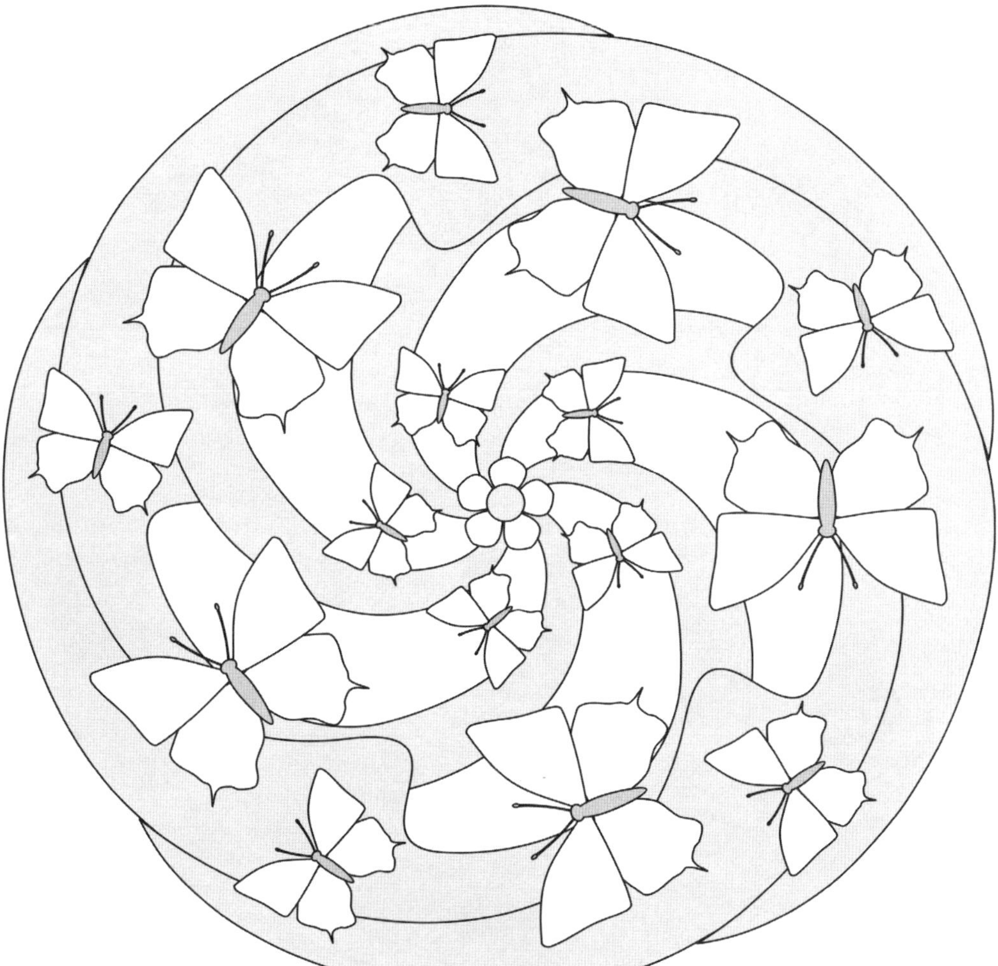

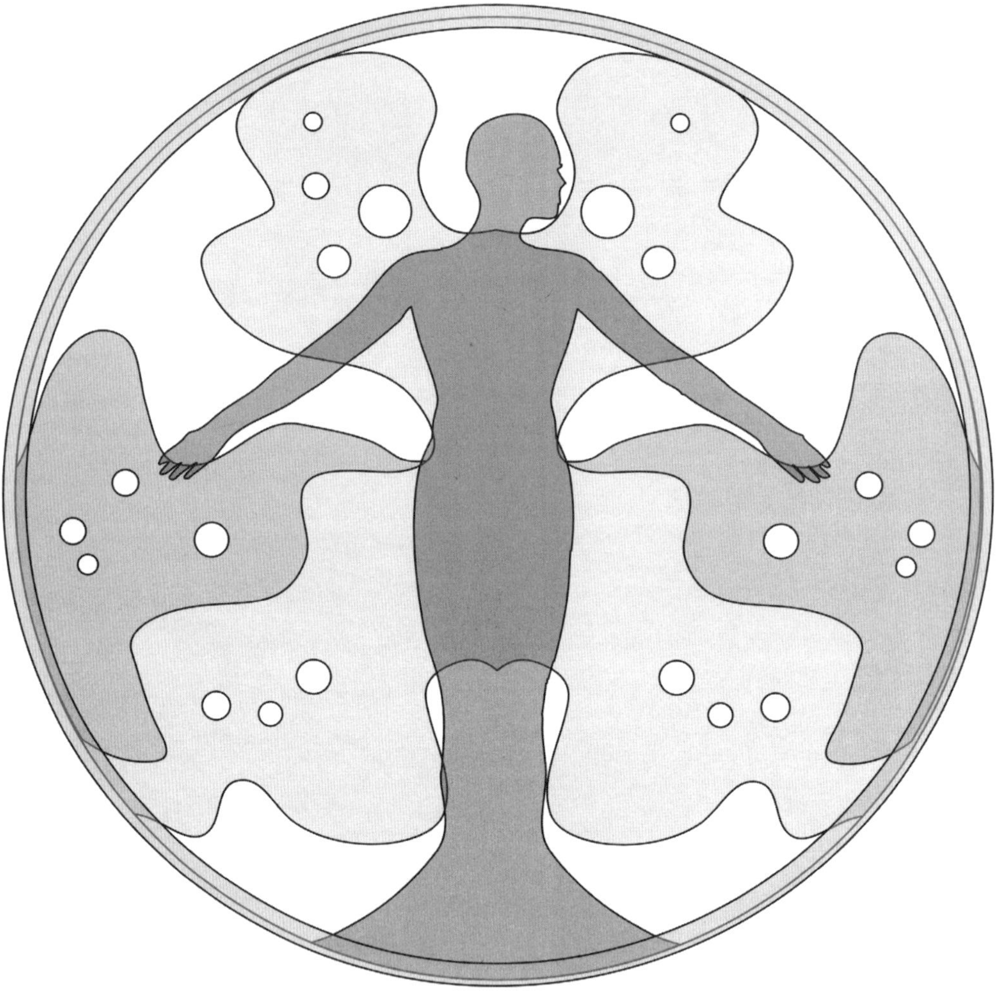

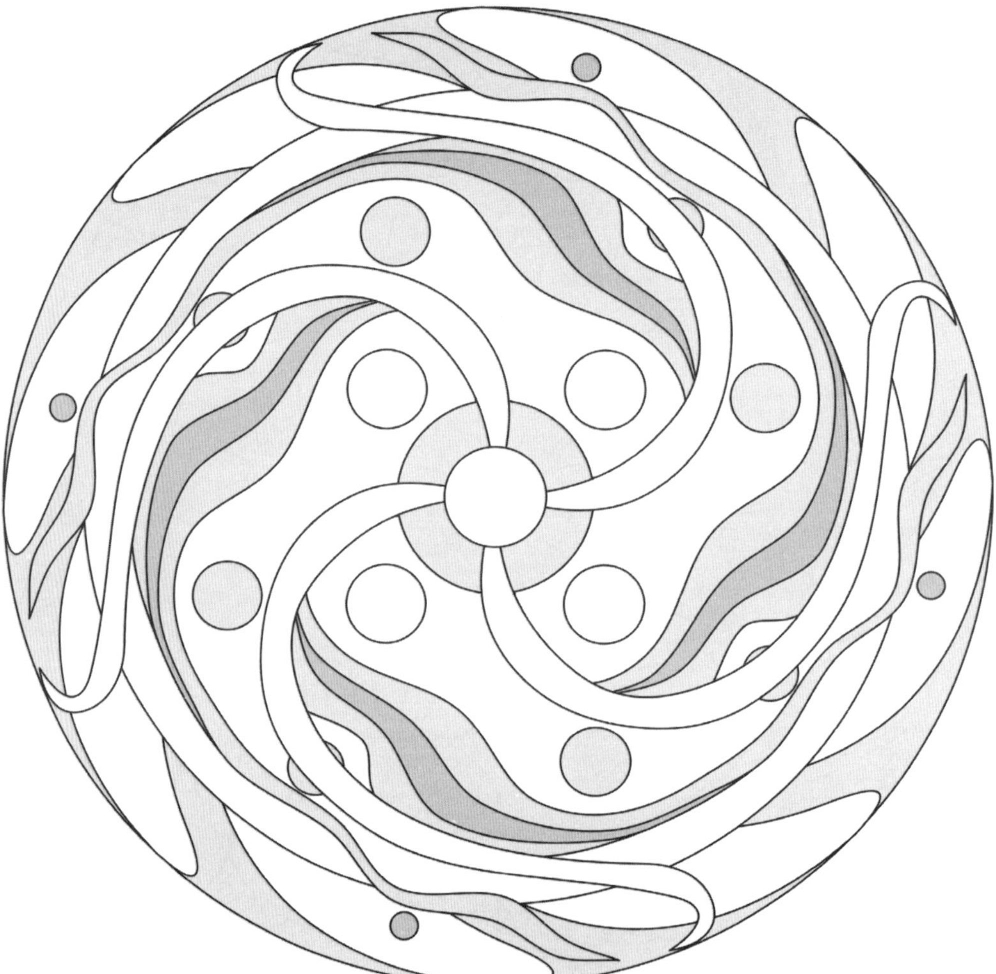

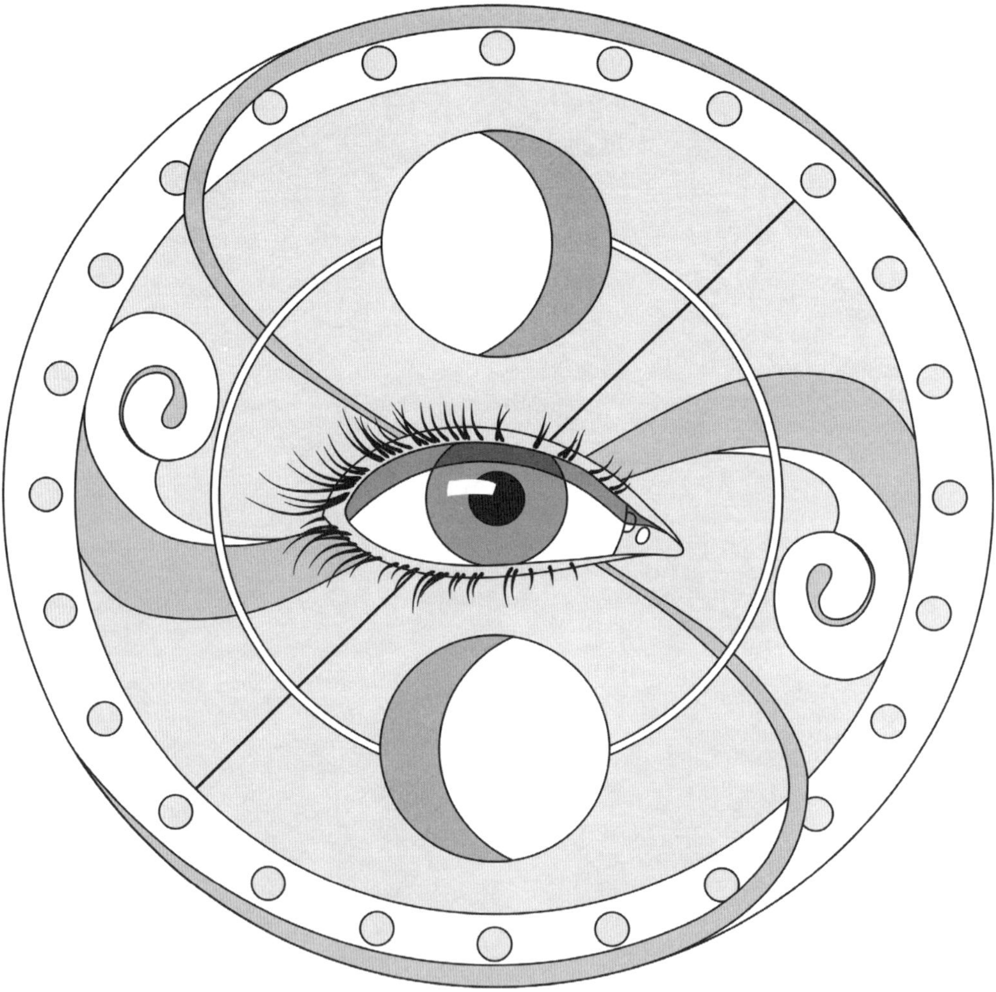

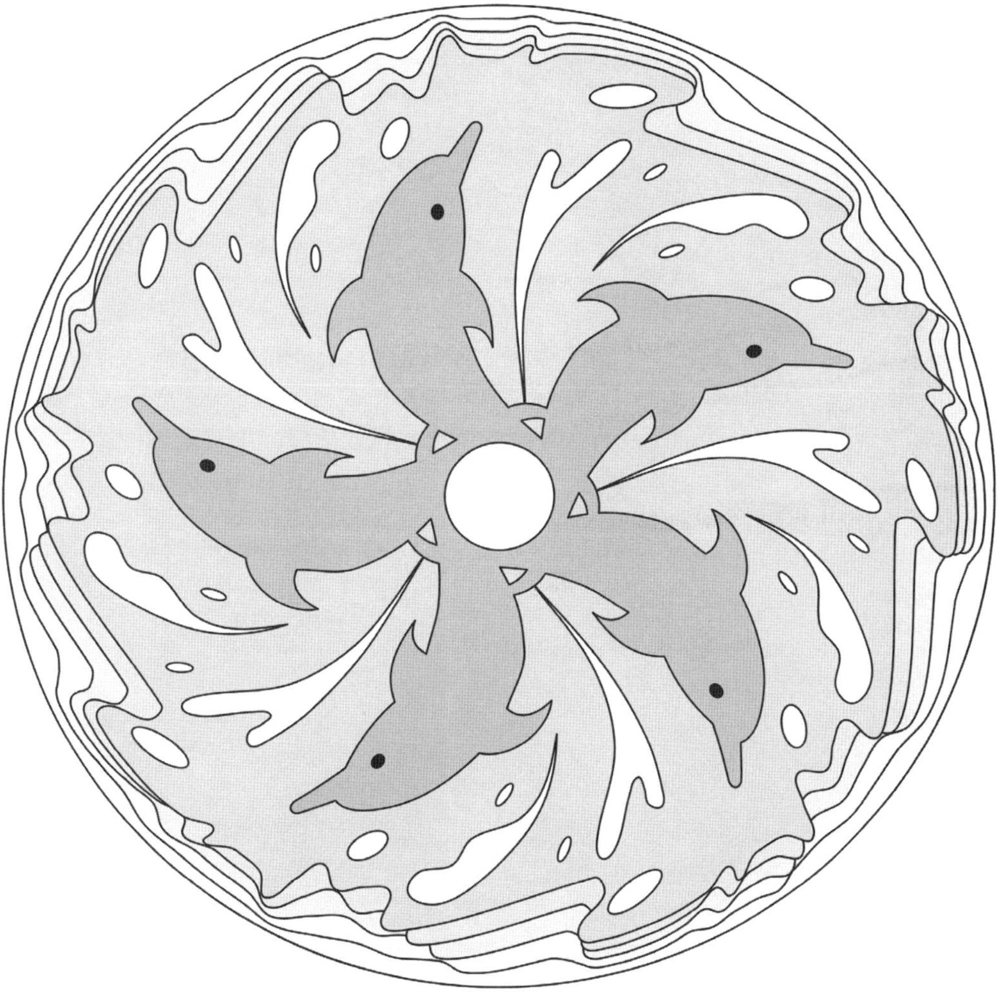

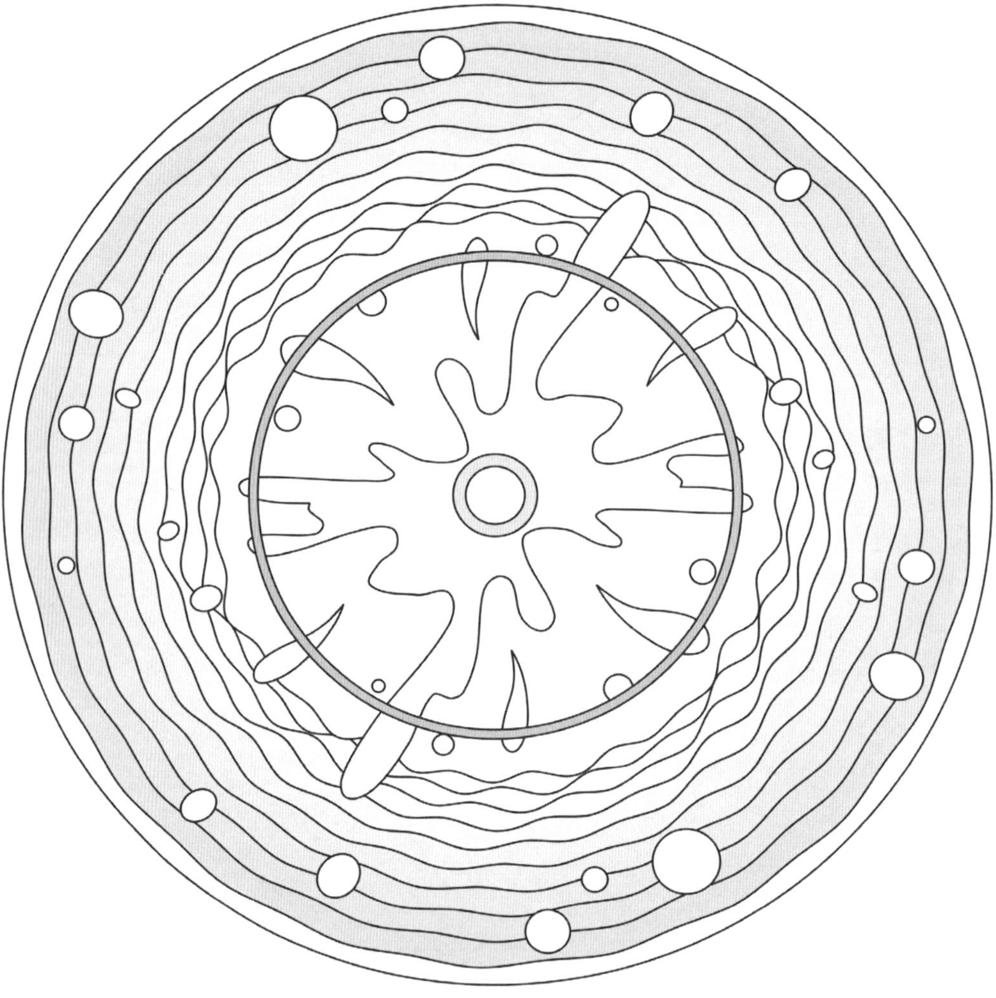

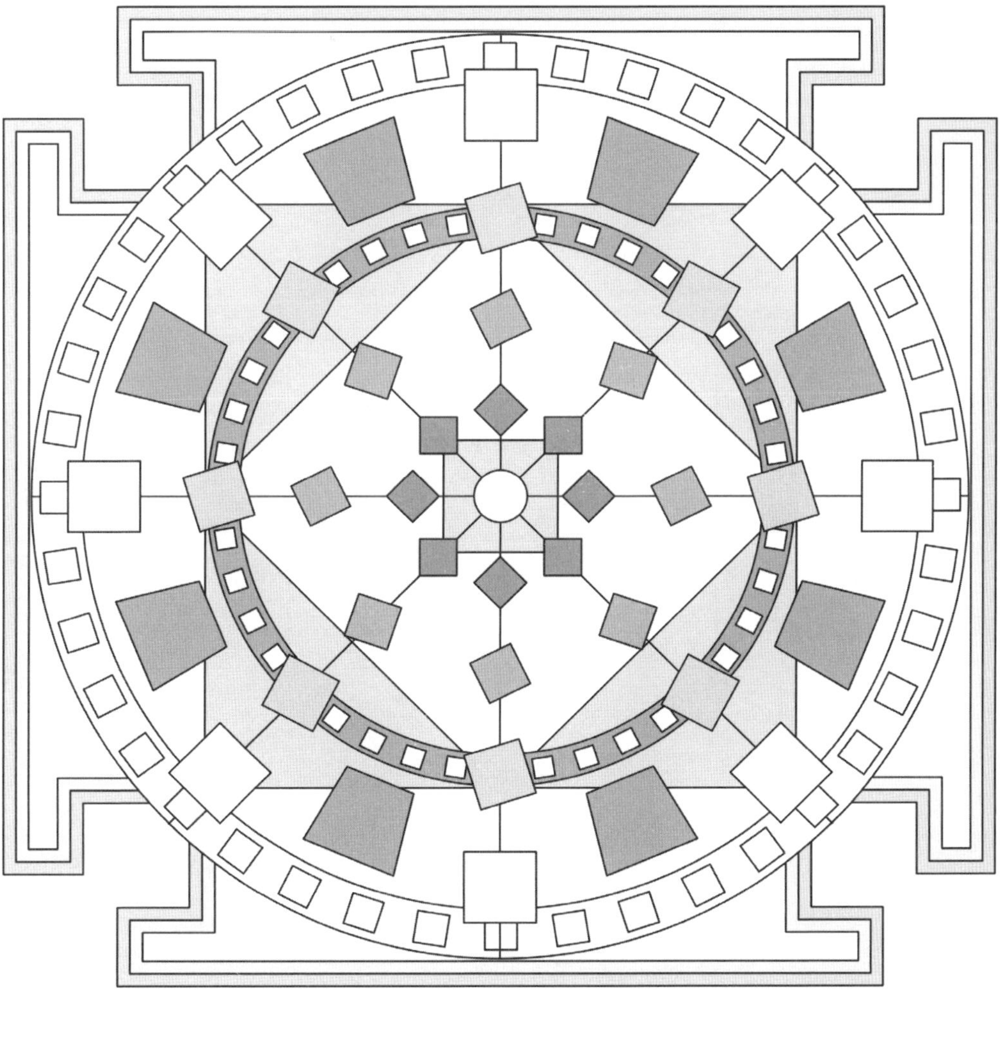

Criar mandalas

Agora que você já sabe como escolher uma mandala por sua programação e que já usou mandalas sem outro objetivo além da vontade receber uma boa energia, chegou a hora de criar as suas mandalas.

Você vai fazer isso nos círculos em branco que acompanham este capítulo do livro. São círculos que contêm em seu interior apenas o ponto central, mas até ele pode ser desconsiderado se você quiser fazer uma criação mais livre.

Esqueça toda a base teórica que já aprendeu sobre as mandalas. Trabalhe espontaneamente, com bastante liberdade de temas, e siga a sua inspiração sem limitar o seu trabalho às teorias sobre mandalas que você já leu. Você precisa ser livre em sua criação, caso contrário ela não irá refletir o que está em seu inconsciente.

A criação de mandalas foi estudada por psicólogos e terapeutas como Carl Gustav Jung, no passado, e Rudiger Dahlke, na atualidade. Um belo trabalho interpretativo sobre mandalas foi feito por autores como Joan Kellogg e Susanne Fincher.

Seguindo essa linha interpretativa, sugiro que você crie mandalas, coloque cores nelas e depois passe a analisá-las.

Primeiro veja sempre o simbolismo das cores que você mais usou e das formas e da numerologia contidas em seu desenho. Para isso, leia o texto explicativo já fornecido anteriormente.

Depois, tente classificar a mandala numa das doze categorias de formação, que seguem a base de interpretação criada por Joan Kellogg e desenvolvida mais tarde por Susanne Fincher, que adaptamos resumidamente neste livro.

Sugiro que não leia as interpretações antes de desenhar, pois ficará influenciado, tendendo a querer definir o tipo de mandala que está criando.

Passe mais ou menos um mês desenhando mandalas quando tiver vontade e, depois desse período, faça a análise.

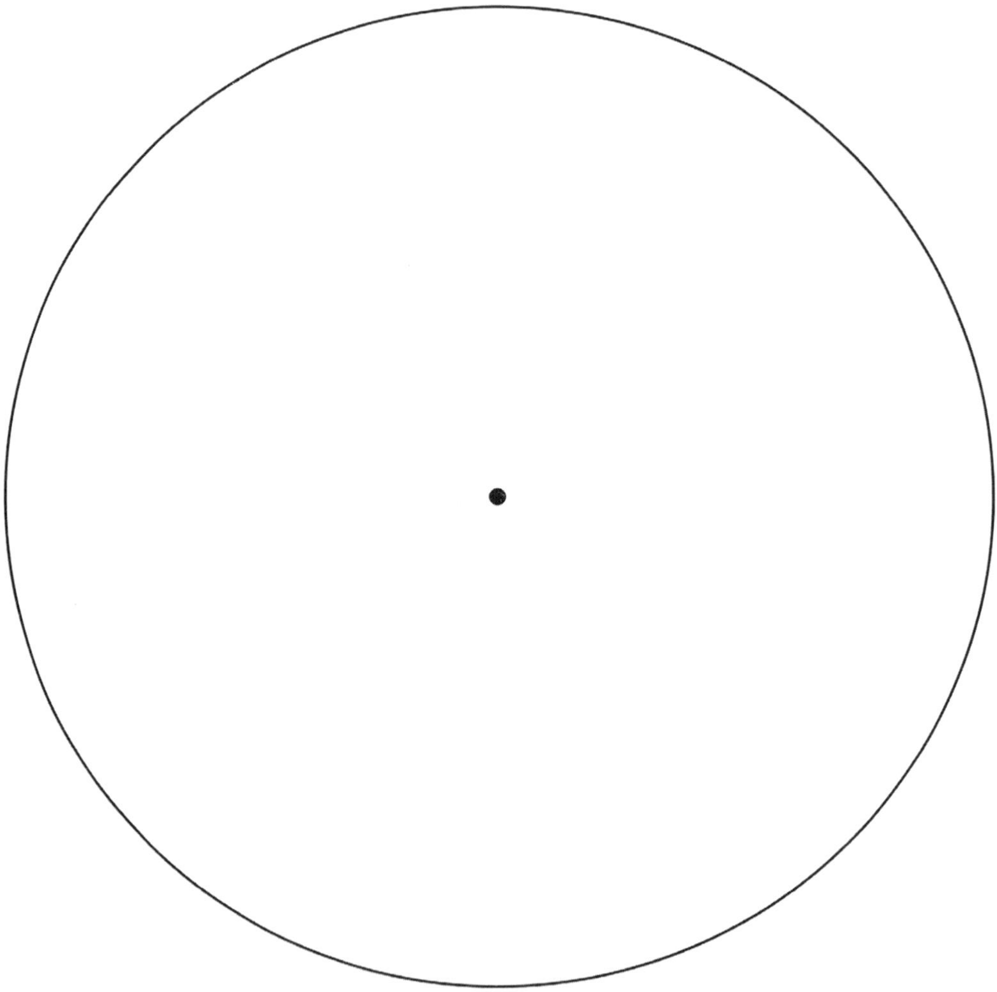

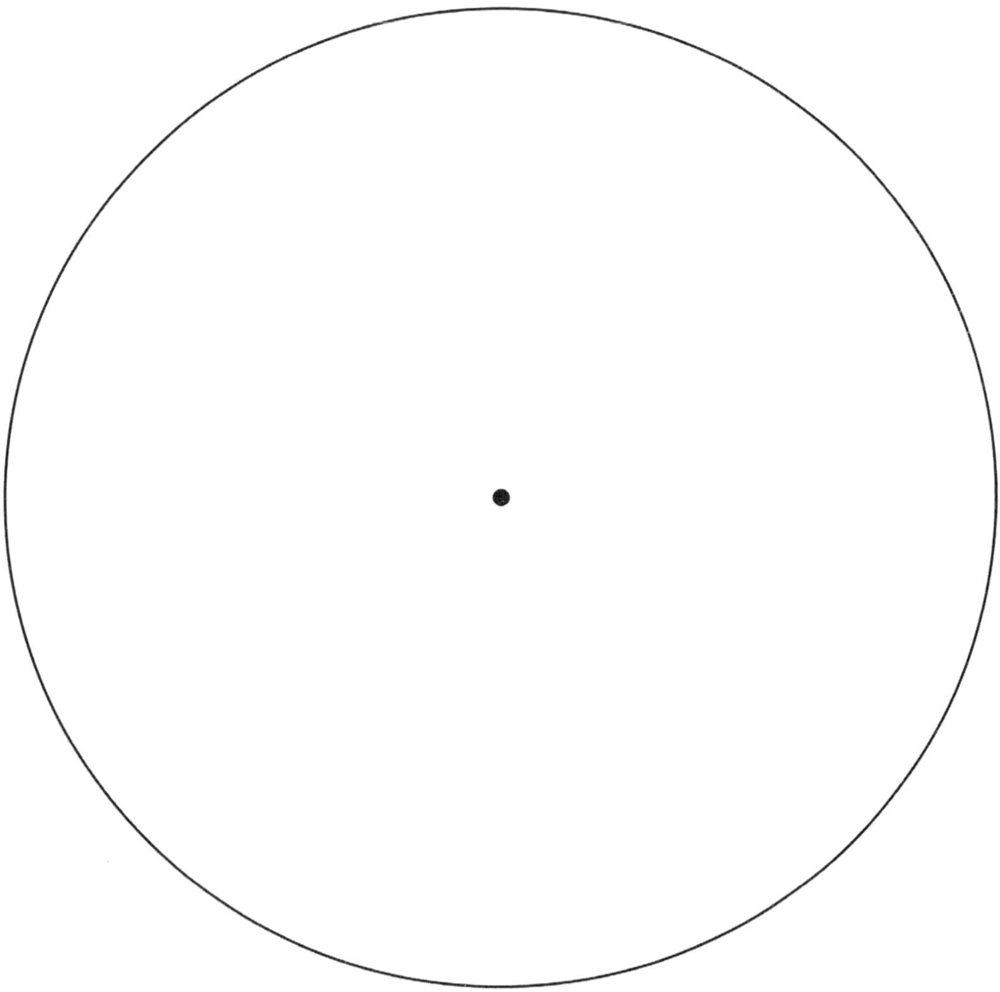

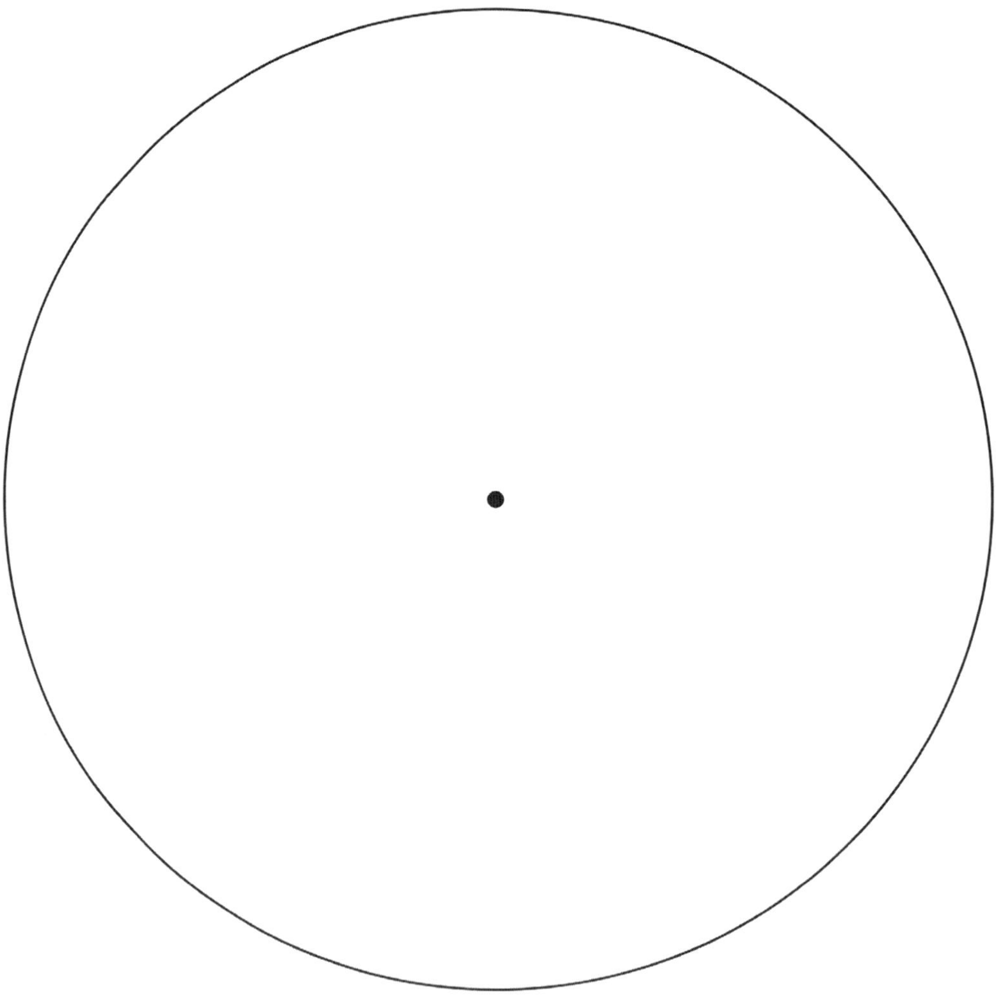

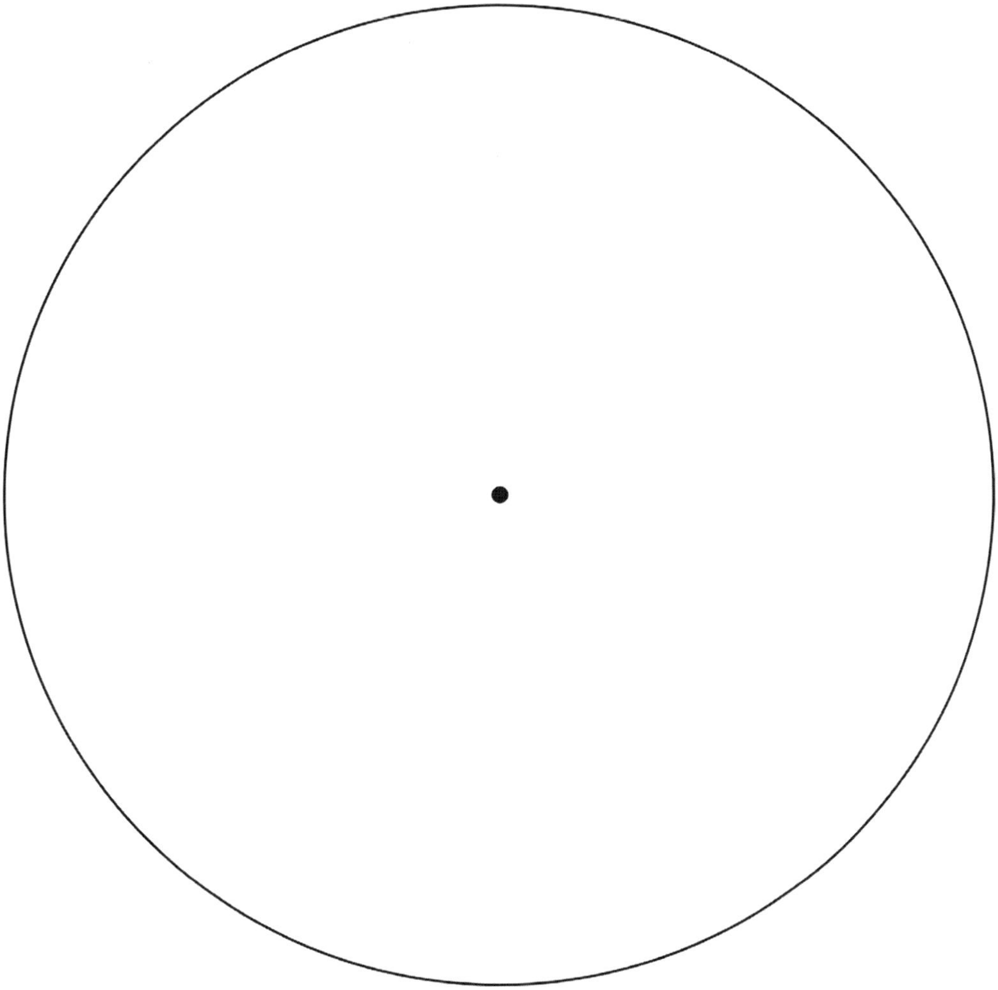

Interpretação da mandala criada

Uma mandala espontânea quase sempre se encaixa numa das doze categorias que vamos relacionar. Procure ler a descrição de todas com atenção, para poder posicionar a sua numa das categorias. Pode acontecer de a sua mandala ter elementos que a colocam em duas categorias.

Depois, leia a interpretação relativa à sua criação, para ter algumas informações sobre o seu estado mental ao criar a mandala.

Mais uma sugestão sobre a criação das mandalas: faça muitas, por um certo período, e só depois analise-as. Sempre coloque a data em que fez cada mandala, para poder ter uma seqüência definida.

1ª CATEGORIA

Características

Esta categoria de mandalas apresenta um grande espaço no qual nada é visto. Por causa disso, ela é chamada de Mandala Vazia.

Tipos de desenhos mais comuns

As Mandalas Vazias são geralmente coloridas numa só tonalidade, na maior parte das vezes escura. A forma circular é preenchida quase por completo com um outro círculo, que pode ter seu centro coincidente com o centro da mandala ou estar posicionado em outro eixo central. Há quase sempre um espaço branco, em contraposição ao colorido; esse espaço pode ser um anel ao redor do círculo vazio ou uma área oposta ao círculo vazio, colocada lateralmente, preenchendo o resto da mandala.

Exemplos de Mandalas Vazias

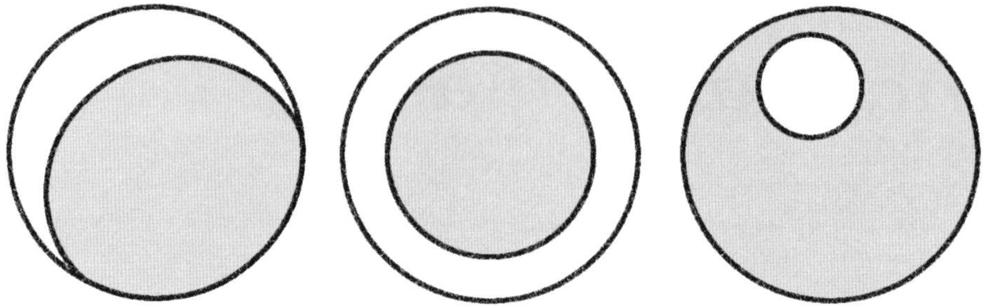

Interpretação

A Mandala Vazia lembra uma célula, a semente de tudo, o nada primordial, o incriado, o estado latente de vir a ser. Se você pegar um ovo cozido e cortar bem ao meio, terá uma mandala vazia.

Alguns dizem que ela representa a penetração da consciência na matéria. Pode ser uma representação da ignorância que cria um estado mental confuso, no qual a luz do entendimento insiste em penetrar.

O espaço claro, branco, que sempre existe na mandala vazia, ainda que seja diminuto, pode representar a fé que está se desenvolvendo no interior da alma.

Para os místicos, essa mandala leva à fonte de toda a criação divina, de onde tudo emana para o reino material. Ela é aquilo que está para vir, cuja existência é desconhecida, mas pode ser pressentida.

É a representação da surpresa do espiritualista diante das primeiras descobertas de um mundo que ele nem sabia existir.

Quando as pessoas desenham uma Mandala Vazia

Quem cria uma Mandala Vazia pode estar num momento de evolução no qual está a ponto de dar um passo em direção ao que irá libertar sua alma da opressão ou da alienação.

A vida pode estar num momento em que é necessário descobrir o que fazer e está difícil definir isso.

A pessoa que cria uma mandala assim tem um grande ponto de interrogação diante de si. Ela sabe que pode tudo, mas quer tomar um rumo para não sair às cegas.

2ª CATEGORIA

Características

Esta mandala apresenta o espaço circular preenchido por elementos repetidos e soltos, sem conexão com o ponto central. Pode ser chamada de Mandala do Universo.

Tipos de desenhos mais comuns

O espaço circular da mandala tem uma cor, geralmente única ou pode ser até mesmo branco. Os elementos estão dispostos dentro do círculo, muitas vezes ultrapassando seus limites. As formas dos elementos lembram estrelas, nuvens, pequenos asteróides e às vezes são elementos da natureza, como raios ou borboletas. São sempre formas relacionadas com algo que é livre para flutuar, que pode ir e vir.

Exemplos de Mandalas do Universo

Interpretação

Se a Mandala Vazia poderia representar uma célula, a Mandala do Universo vai representar o lugar onde as células ficam antes de serem fecundadas ou logo depois disso.

Tudo nessa mandala está em suspenso ou adormecido, mas ela não passa uma sensação de estabilidade, muito ao contrário. É possível sentir a pulsação da vida no interior da mandala.

Há indicação de crescimento, tanto que alguns elementos excedem o espaço limitador da linha circular.

Para o místico, ela representa a infinita quantidade de caminhos a seguir, a variedade de possibilidades apresentadas para a sua evolução. É também o lugar onde ele se sente acolhido e protegido, podendo se abastecer para um novo tempo.

Quando as pessoas desenham uma Mandala do Universo

As pessoas costumam desenhar a Mandala do Universo quando estão precisando do "colo da mamãe". Elas criam um espaço para onde correr em busca de acolhimento.

Em fases assim os sonhos são muitos, as experiências do sono emergem com mais facilidade à consciência desperta. A sensibilidade está à flor da pele. Pode haver também um aumento da expressão dos sentimentos, com choro ou até mesmo explosões emocionais.

Geralmente é um momento da vida no qual há uma parada ou uma interrupção no ritmo que estava sendo vivido. A pessoa pode estar desorientada em função disso, ou estar pensando em como vai aproveitar essa situação.

3º CATEGORIA

Características

A terceira categoria de mandalas apresenta um desenho espiralado ou uma espécie de labirinto, que não mostra com clareza qual é o ponto de chegada. Ela é chamada de Mandala da Espiral.

Tipos de desenhos mais comuns

A Mandala da Espiral contém uma espiral ou formas espiraladas como foco principal do desenho. Às vezes a espiral parte do ponto central da mandala, outras vezes ela se dirige para ele, mas essa não é uma regra, pois há mandalas com outras posições da espiral no desenho. Há mandalas que não têm uma espiral, e sim o desenho de um caminho cheio de voltas, como um labirinto.

Exemplos de Mandalas da Espiral

Interpretação

A relação simbólica existente entre a espiral ou o labirinto é com o cordão umbilical. Se na Mandala Vazia havia a célula e na Mandala do Universo, a célula era acolhida e gestada, na Mandala da Espiral o cordão umbilical que unia a célula ao seu abrigo está para ser cortado.

A forma da espiral leva ao exterior, por isso essa mandala é comunicativa e seu desenho força o movimento dos olhos, que acompanham a linha que se desenvolve.

A mandala dessa categoria representa o despertar da consciência e a expressão de uma identidade pessoal, criada a partir das características próprias de cada ser.

Quando as pessoas desenham uma Mandala da Espiral

A Mandala da Espiral é desenhada em momentos nos quais a pessoa precisa dizer alguma coisa. Ela quer mostrar suas idéias, suas necessidades, seus projetos, suas frustrações, seus desejos. Pode fazer isso falando, escrevendo, pintando ou fazendo música, mas é preciso achar uma linha expressiva, para liberar o que há em seu interior.

A mandala desta categoria representa a consciência individual, que é única. Se a pessoa não pode se manifestar em seus ambientes de atuação, ela sentirá muita necessidade de ir buscar isso fora. É por isso que essa mandala vem em momentos nos quais a pessoa sente muita vontade de viajar.

Quando uma pessoa faz mandalas assim, pode estar para receber informações preciosas de seu inconsciente. Portanto, é um momento no qual deve dar muita atenção aos seus sonhos, sensações intuitivas e inspirações, pois eles podem mostrar muitas coisas que ajudarão a entender o que está para mudar por dentro e por fora.

4º CATEGORIA

Características

Esta espécie de mandala se caracteriza por um ponto central grande e bem definido, quase uma célula dentro de outra célula. Ela é chamada de Mandala Nuclear.

Tipos de desenhos mais comuns

A Mandala Nuclear apresenta uma mandala no interior de outra. O ponto central está em destaque, tem uma dimensão ampla e atrai o olhar. A partir desse centro uma mandala se define, mas as linhas não chegam às bordas da mandala, se encerram numa pequena mandala interior, deixando um espaço vazio, em branco.

Exemplos de Mandalas Nucleares

Interpretação

A ênfase da Mandala Nuclear está no ego. Ela é a representação da personalidade estruturada, que entende as suas características únicas. Não que essa mandala represente a exaltação do ego; ela pode ser desenhada por pessoas que não conseguem absolutamente impor a sua individualidade, embora tenham plena consciência dela. Ela representa a necessidade de se sentir único.

Outra simbologia dessa mandala está relacionada com o crescimento da fé e da busca de Deus. Ela é um símbolo da elevação espiritual como meta individual. No entanto, sempre há uma ligação com o corpo que não deve ser esquecida.

Quando as pessoas desenham uma Mandala Nuclear

Uma Mandala Nuclear é desenhada quando a pessoa está começando alguma coisa importante. Ela sempre marca os começos e os recomeços.

Ela mostra alguma necessidade de dar atenção ao corpo, nutrindo-o com o que ele precisa e fazendo exercícios, para se manter saudável e ativo.

A Mandala Nuclear pode aparecer para quem precisa dar uma parada na vida para fazer reavaliações e redirecionamentos, tomando a partir de então um rumo diferente, que o conduzirá a uma vida com mais sentido.

5ª CATEGORIA

Características

Este tipo de mandala apresenta um ponto central bem definido, ao redor do qual se repetem muitas linhas, imitando um alvo de tiro. Por isso, ela é chamada de Mandala do Alvo.

Tipos de desenhos mais comuns

A principal característica é um ponto central ao redor do qual várias linhas são traçadas. Ao contrário de um alvo de tiro, nem sempre as linhas ao redor do ponto central são linhas circulares, mas podem formar outros esquemas repetitivos, como estrelas ou ondas. Essas linhas vão até os limites da mandala, não deixam espaço em branco, caso contrário a mandala seria considerada uma Mandala Nuclear.

Exemplos de Mandalas do Alvo

Interpretação

O simbolismo do alvo é o estágio evolutivo que segue o anterior. Na Mandala Nuclear o ego foi estruturado, na Mandala do Alvo o ego se opõe àquilo que não permite a sua manifestação. É a representação do enfrentamento.

Nesse ponto há um grande risco de se perder o direcionamento, até mesmo por causa das oposições, que podem ser fortes. Um alvo é símbolo de uma meta, de um objetivo a seguir.

O alvo também representa simbolicamente uma ordenação, um estado de energia concentrada e perfeitamente direcionada, isto é, não há risco de perder-se em desvios quando se fixa um alvo. Mesmo que o centro não seja acertado pelo tiro, a meta está dentro do foco visual.

Quando as pessoas desenham uma Mandala do Alvo

Em momentos nos quais a pessoa tem que se opor a alguma coisa, ela desenha mandalas com alvos. Essa mandala aparece para quem precisa manter o controle e enfrentar alguma situação de oposição com muita determinação.

Essa mandala indica ansiedade, conflitos interiores e exteriores, necessidade de transpor os seus limites. É uma indicação de que em breve a pessoa irá precisar de ajuda. Se não aceitar colaboração nesta etapa, poderá seguir preso ao alvo por muito tempo.

A pessoa pode estar rompendo laços afetivos e familiares; trata-se de uma experiência traumática ou desagradável, mas é também essencial para a sua evolução. Neste ponto, é preciso manter a estrutura para não desmoronar. A Mandala do Alvo é uma mandala de crise.

6ª CATEGORIA

Características

A mandala desta categoria divide o seu espaço interior em dois setores distintos e opostos. É chamada Mandala do Combate ou Mandala do Combate com o Dragão, podendo ser também denominada Mandala dos Opostos.

Tipos de desenhos mais comuns

Essas mandalas apresentam em seu traçado dois espaços que não se misturam e são muitas vezes o completo oposto um do outro. A sua característica principal é haver duas metades. Pode haver uma parte ligada à terra e outra simbolizando o céu. Pode uma metade ser escura e a outra clara. Há quase sempre uma linha divisória entre as metades, geralmente uma linha reta.

Exemplos de Mandalas do Combate

Interpretação

A simbologia do combate e dos opostos nos leva sempre ao conceito de conflito, que é exatamente o que esta mandala representa. Ela mostra que duas energias precisam conviver e manter uma certa ligação, mas que não se adaptam uma à outra, nem pretendem se harmonizar.

A Mandala do Combate faz pensar que ela irá se desmembrar em duas a qualquer momento, indo cada uma de suas partes constituir um núcleo isolado.

Não há melhor simbolismo do que a luta entre o bem e o mal para ilustrar a tensão existente entre as duas metades que formam a mandala. Mas há uma consideração importante a fazer, uma vez que no caso da Mandala do Combate tudo depende do ponto de vista, não há como dizer qual das partes está certa ou errada.

Quando as pessoas desenham uma Mandala do Combate

A Mandala do Combate reflete um momento de conflito e ruptura. Ela representa a necessidade interior de se separar de algo ou alguém, para poder criar uma identidade ou uma maneira de ser mais livre. É um sinal de que a convivência está difícil.

Pode mostrar o abandono de um emprego insuportável, a hora de deixar a casa paterna, o momento do divórcio, a necessidade de expressar a sua maneira de ver as coisas, a vontade de abandonar um modelo político ou social.

A idéia da divisão não significa negar, mas sim constatar e enfrentar. É este o grande combate com o dragão. A área intensa ou escura da mandala é a posição da qual se deseja sair, e a área clara é a projeção simbólica do futuro que se deseja alcançar.

Na verdade, o combate que a mandala representa está mais no interior da pessoa do que no exterior; muitas vezes ele nem é percebido pelas pessoas que estão ao redor.

7ª CATEGORIA

Características

As mandalas desta categoria apresentam uma divisão quaternária do espaço, que dividem em quatro setores. São chamadas Mandalas das Quatro Direções ou Mandalas da Quadratura.

Tipos de desenhos mais comuns

Essas mandalas são composições que geralmente respeitam o ponto central e que a partir dele dividem a mandala em quatro seções. As formas que fazem essa divisão são cruzes, flores com quatro pétalas, estrelas de quatro pontas. A rosa-dos-ventos, que assinala as quatro direções, leste, oeste, norte e sul, é uma mandala desta categoria.

As linhas curvas e soltas das mandalas anteriores, todas ligadas à concepção, geração e nutrição, passam a ser menos usadas. Há uma clara preferência por linhas retas e simétricas, tanto nas composições das Mandalas das Quatro Direções quanto nas mandalas das categorias seguintes.

Exemplos de Mandalas das Quatro Direções

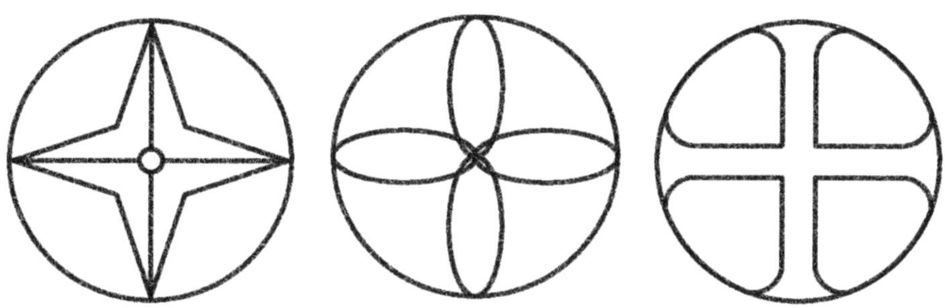

Interpretação

Enquanto as mandalas anteriores estavam relacionadas com conceitos femininos, maternais e sensíveis, a Mandala das Quatro Direções é simbolicamente ligada aos conceitos masculinos e racionais.

Na verdade ela representa o mundo material e o princípio positivo da energia, que é fertilizador e pai. A construção de uma estrutura sólida e permanente, que gera a estabilidade e a segurança, é o elemento que dá impulso à atividade.

Toda a influência feminina, de polaridade feminina e sensível é abandonada. As conquistas materiais e palpáveis são a meta simbólica desta mandala.

Quando as pessoas desenham uma Mandala das Quatro Direções

Pelo simbolismo, esta mandala representa um momento de lidar com a matéria e tudo aquilo que ela representa: dinheiro, sexo, construção de casa, conquista da estabilidade.

As pessoas que desenham mandalas assim estão com necessidade de criar uma estrutura sólida para a encarnação presente, de modo que as pressões materiais sejam aliviadas, passando a abrir espaço para buscas mais leves.

Ao desenhar uma mandala assim, a pessoa expressa sua determinação de alcançar a estabilidade e a segurança.

8ª CATEGORIA

Características

A mandala desta categoria apresenta uma divisão do espaço em cinco partes distintas. Ela é chamada de Mandala da Leveza ou Mandala Funcional.

Tipos de desenhos mais comuns

A forma mais comum de uma Mandala da Leveza é uma estrela de cinco pontas, conhecida como pentagrama, que é um símbolo místico muito antigo e de grande poder.

Outras composições, com pentágonos, flores de cinco pétalas e diversas divisões da mandala em cinco setores aparecem para representar esse tipo de mandala, em cujo traçado há sempre uma clara preferência por linhas retas.

Exemplos de Mandalas da Leveza

Interpretação

A Mandala da Leveza simboliza conquistas concretizadas, tanto no plano espiritual quanto no material. Ela representa o ato de usufruir as conquistas, um período de vivenciar o que é mais leve e fácil.

Na verdade, nada duro e difícil faz parte da simbologia da mandala cuja estrutura está no cinco. É a representação da facilidade do ser em contatar as energias da natureza e aproveitar as belezas da Criação Divina.

Ela é a síntese do conhecimento conquistado, do aprendizado na matéria e no espírito. Tudo isso permite a celebração da vida que esta mandala propicia; é uma fase de alegria, proveito e facilidades.

Quando as pessoas desenham uma Mandala da Leveza

Em fases de poucos problemas ou de comemoração, as pessoas desenham uma mandala com estrutura quinária. Há muito o que oferecer, celebrar e louvar. O impulso para partilhar essa alegria é a vontade mais evidente.

Há uma ligação muito forte da Mandala da Leveza com a celebração de rituais. Ela gera impulsos para a magia, para a conexão com a Lua e o Sol, para o contato com os Anjos e com os seres elementais. Por isso, essa mandala pode expressar um desejo inconsciente de realizar procedimentos ritualísticos.

Uma última simbologia está presente nas Mandalas da Leveza; ela pode aparecer quando a pessoa está para encontrar a sua verdadeira família espiritual ou prestes a fazer contato com uma linha espiritualista que está bem de acordo com o seu estágio evolutivo.

9ª CATEGORIA

Características

A mandala desta categoria se caracteriza por uma estrutura bastante simétrica e elaborada, cuja base numérica é quase sempre o 6 ou o 8. É chamada de Mandala da Cristalização.

Tipos de desenhos mais comuns

A Mandala da Cristalização tem uma grande quantidade de desenhos, sempre muito bem realizados. O espaço é dividido com muita simetria, em partes perfeitamente iguais. Há uma profusão de formas geométricas e de outros desenhos.

Ela às vezes lembra mandalas orientais, ainda que a pessoa não conheça essas formas de composição. Outras vezes lembra os vitrais das catedrais cristãs, em forma de rosáceas.

As cores são sempre muito bem dispostas e escolhidas com gosto. Quase nunca há repetição, nem nas cores nem nas formas, pois uma das características dessa mandala é a variedade.

Exemplos de Mandalas da Cristalização

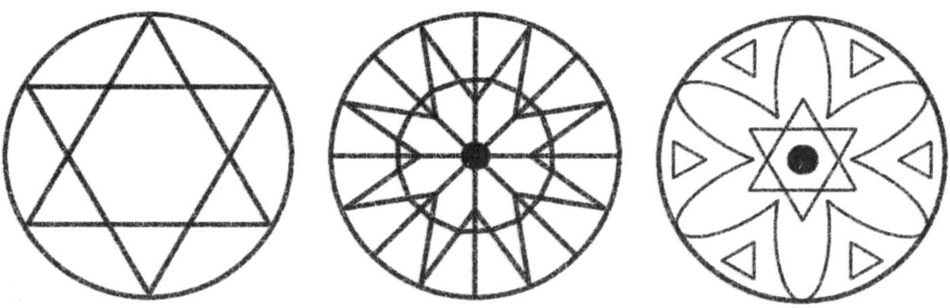

Interpretação

Essa mandala simboliza o final de um ciclo, a conclusão de uma série de etapas que levaram ao ponto de firmar uma estrutura permanente, que se cristaliza numa forma estável.

Ela representa aquilo que já foi criado e que agora é admirado e aprimorado. É o símbolo do cuidado com aquilo que se fez, da manutenção do que foi construído.

Um outro conceito dessa espécie de mandala é a união verdadeira da espiritualidade com a matéria.

Quando as pessoas desenham uma Mandala da Cristalização

A criação da Mandala da Cristalização geralmente corresponde a um ponto no qual a pessoa está dando mais valor ao estado de ser do que fazer. É a fase de acabamento de uma construção real ou simbólica.

Quem está na idade madura, em gozo criativo de sua aposentadoria, costuma ter tempo e paciência para desenhar mandalas assim, cheias de detalhes e com variedade de elementos.

Mas os jovens também fazem mandalas como essa no momento em que decidem se tornar adultos, chegam a uma maturidade consciente e já alcançaram algumas realizações importantes.

10ª CATEGORIA

Características

Esta mandala é composta de muitos setores, geralmente dispostos como as muitas fatias de um bolo. O nome desta mandala é Mandala do Portal ou Mandala das Portas da Morte.

Tipos de desenhos mais comuns

O ponto central é representado com clareza e é a partir dele que as faixas setoriais da mandala são geradas. São fatias do espaço circular, sempre em grande quantidade, na maior parte das vezes dez ou dezesseis setores.

Os setores que constituem a mandala têm geralmente a forma de uma roda, que lembra muito a chamada Roda da Vida. Uma característica dessa mandala é que ela não contém variedades de elementos, é geralmente repetitiva.

Exemplos de Mandalas do Portal

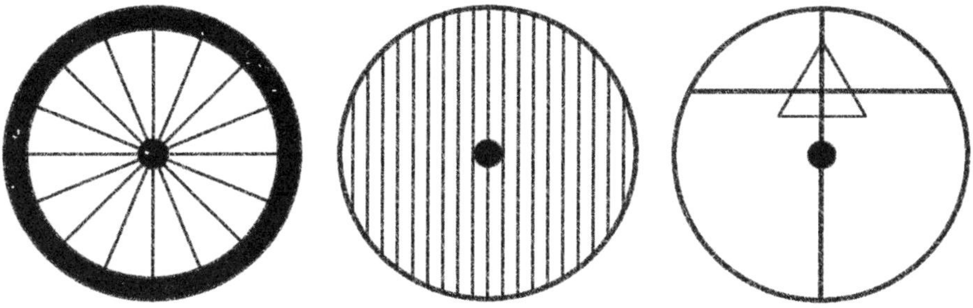

Interpretação

A principal simbologia da Mandala do Portal está relacionada com o ciclo da vida/morte/renascimento. Com ela, a roda da encarnação se encerra.

É como estar diante da vida a analisar tudo aquilo que foi feito e refeito, sabendo que não há mais tempo para voltar atrás ou pensar em recomeçar. Pode ser que não se vá fazer mais por falta de vontade ou motivação, pois pessoas jovens também desenham Mandalas do Portal.

Quando as pessoas desenham uma Mandala do Portal

Com certeza a Mandala do Portal representa um momento de crise existencial. Ela nunca aparece em estágios de pouca consciência ou imaturidade.

As pessoas com depressão, que estão com sensação de perda, sentindo falta de um poder que já tiveram e vivenciando algum tipo de declínio fazem mandalas assim.

Ela mostra que é hora de aprender como deixar Deus agir. Confiar que o Iluminado pode fazer isso, não aceitando os efeitos da crise e passando pelo Portal como quem vai entrar no lindo jardim divino.

11º CATEGORIA

Características

Nesta mandala as formas são indefinidas, parecem perdidas e soltas dentro do espaço circular. O ponto central está indefinido. Ela é chamada de Mandala da Fragmentação.

Tipos de desenhos mais comuns

Imagine um asteróide que explodiu no espaço e terá a forma dos cacos que compõem uma mandala fragmentada. Não há uma forma bem definida para os elementos que estão em pedaços. Essas formas são coloridas numa profusão de cores misturadas.

Ela parece muitas vezes pedras boiando no espaço, sem gravidade, ou um emaranhado de linhas, que formam alguns aglomerados, separados uns dos outros, é outra apresentação de uma mandala dessa categoria.

Exemplos de Mandalas da Fragmentação

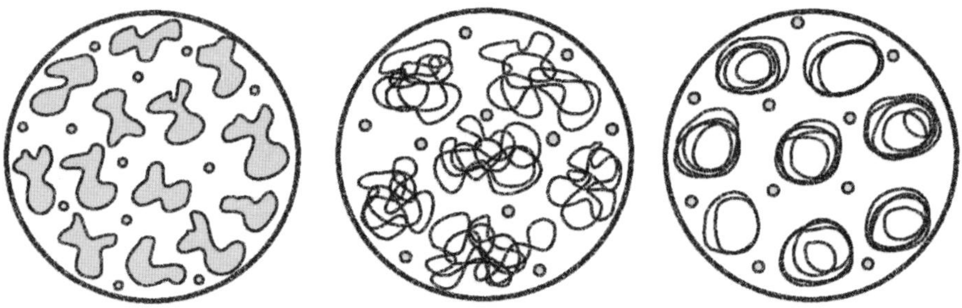

Interpretação

Essa mandala é o símbolo da desintegração da alma e do ego. A Mandala da Fragmentação é o efeito destruidor da luz, que não pode ser absorvida pela alma e passa a ser elemento de agressão.

Ela representa uma volta às águas do feminino, só que desta vez são águas turvas; há um pântano de águas profundas, onde se escondem monstros devoradores.

Quando as pessoas desenham uma Mandala da Fragmentação

Estas mandalas, compostas de múltiplos fragmentos, são desenhadas quando os efeitos da crise representada pela Mandala do Portal se tornaram arrasadores. Ela é desenhada quando a pessoa está tentando juntar os pedaços daquilo que foi.

Quem desenha essa mandala experimenta uma profunda perda de sentido na vida, está confuso ou desorientado. É alguém que vive a chamada Noite Escura da Alma.

Se perguntarmos, essa pessoa dirá que tem tido sonhos terríveis, assustadores ou que sente fantasmas perto de si. Tudo isso faz parte de uma purificação muito difícil, mas que tem hora para terminar.

12ª CATEGORIA

Características

Esta mandala parece uma composição da qual emana luz; seu desenho cria esse efeito pela disposição dos elementos que ela possui, que são na maior parte das vezes raios ou gotas. É chamada de Mandala do Êxtase.

Tipos de desenhos mais comuns

Há formas variadas para a Mandala do Êxtase, e quase todas elas apresentam um deslocamento do ponto central.

As formas podem ultrapassar os limites da linha circular, mas isso não acontece como nas Mandalas do Universo, nas quais os elementos pareciam flutuar e saíam dos limites do círculo. Neste caso, os elementos parecem que são projetados para fora.

Há desenhos que lembram um nascer do Sol ou uma pessoa a exaltar Deus. Essa mandala tem uma vibração estimulante e inspiradora, tanto por suas formas quanto pelas cores.

Exemplos de Mandalas do Êxtase

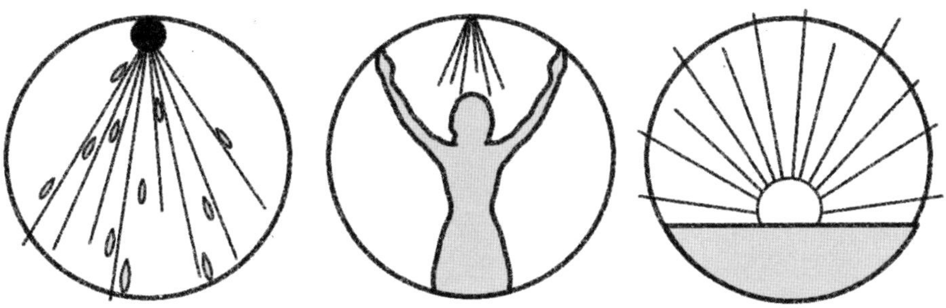

Interpretação

A Mandala do Êxtase representa simbolicamente o êxtase transcendental, que na verdade é a reorganização do ego depois da sua dissolução, que estava representada na mandala anterior, a Mandala da Fragmentação.

As imagens dessa mandala parecem banhadas pela luz, como se se alimentassem dela. É um desenho que demonstra veneração e recebimento de bênçãos.

A perfeição e a síntese são simbolismos fortes na formação desta mandala. Ela emana ou irradia seu poder ultrapassando os limites físicos a que está ligada, e faz isso mais do que qualquer outra mandala.

Quando as pessoas desenham uma Mandala do Êxtase

As pessoas desenham uma Mandala do Êxtase quando estão felizes e ligadas a Deus. É uma mandala que representa o bem-estar que foi conquistado, e por isso é o momento de agradecer, dando a Deus o crédito por aquilo que foi alcançado.

Ela demonstra estruturação interior sólida e fé crescente, sendo por isso uma inspiração para quem a vê.

O estímulo que vem desse tipo de mandala é muito grande. Para quem a desenha, ela é a projeção da realização, da conquista e do agradecimento. Para quem a admira, é um reforço energético de grande valor.

Bibliografia

HERDER LEXICON, Dicionário de Símbolos, 1ª ed., Editora Pensamento, São Paulo, 1992.

FINCHER, Suzanne F., La voie du mandala, 1ª ed., Editions Dangles, St-Jean-de-Braye, 1993.

DAHLKE. Rüdiger, Mandalas: comment retrouver le divin en soi, 12ª ed., Editions Dangles, St-Jean-de-Braye, 1988.